Pascalune HD

D'Homo Sapiens à Homo Deus

Comment finaliser l'évolution de l'humain ?

Guide pratique

© 2020 Pascalune HD.
Éditeur : BoD-Books on Demand
12-14 rond-point des Champs-Élysées, 75008 Paris
Impression : Books on Demand, Norderstedt, Allemagne
ISBN : 9782322222384
Dépôt légal : Juin 2020.

À mes sept milliards de "moi".

Nous sommes tous **interconnectés**.
Si j'évolue, tout évolue.
Si j'évolue, l'Humanité évolue.
Si j'évolue, l'Univers évolue.
Il est inutile et illusoire d'attendre
qu'un autre réalise ce travail à ma place.

On est incarné sur terre pour pouvoir vivre l'Éveil :
l'éveil à sa véritable nature divine,
par-delà toutes les apparences de ce monde d'illusion.

Couverture : **Martin Trystram.**

La base d'une éducation réussie pour son enfant est d'appliquer le principe de la non-intervention autant que possible. Ainsi, l'enfant peut expérimenter par lui-même les actions qui le mèneront à une réussite ou à une voie plus longue et fastidieuse.

La non-intervention du parent est la preuve de son amour, de sa confiance en la capacité à réussir de son enfant.

Faire l'expérience par soi-même est l'unique moyen de comprendre et d'évoluer.

Il en va de même pour nous, êtres humains venus grandir en sagesse et en conscience sur cette planète.

La dualité commence par le « Je ».

Je ne suis pas cette personne incarnée. Je suis la Conscience. Je suis TOUT.

Il n'y a pas d'une part, le Créateur, et d'autre part, moi, sa créature. Non. Je suis le Créateur ET la créature.

La séparation est une illusion issue de ce monde à l'apparente dualité. L'Unité est la seule réalité.

Je crée moi-même mon expérience sur cette planète.

Quand l'on sait, sans l'ombre d'un doute, que l'on est la Conscience elle-même qui s'expérimente, l'**Homo Deus** peut s'incarner dans la matière. Car on se comporte au quotidien en cohérence avec cette certitude inébranlable. Cela se reflète dans nos pensées, dans nos paroles et dans nos actes.

Ainsi, les éléments nécessaires pour finaliser notre évolution sont ancrés dans notre présent et la métamorphose peut s'accomplir !

Il suffit qu'un seul humain parvienne à passer au stade suivant l'Homo Sapiens, pour démontrer que l'Homo Deus est possible. Ce précurseur servira d'exemple de ce nouveau chemin à suivre.
Et... Bonne nouvelle, plusieurs humains y sont déjà brillamment parvenus !
J'ai nommé : Bouddha, Jésus Christ, Dipankara, Bhaisajyaguru, Amitābha et bien d'autres moins connus.

Il y a deux mille ans, l'enseignement qui permettait de révéler sa part divine était réservé à une poignée d'initiés... Or de nos jours, grâce à l'élévation du taux vibratoire de la planète et l'éveil de conscience de la population, l'évolution vers l'Homo Deus est devenue accessible à tous !
Premièrement, cet enseignement est à la portée de chacun. Il m'a suffi de plusieurs années d'écoute intuitive, de guidance intérieure, de discernement et de recherches, pour concevoir l'essence de ce savoir.
N'importe qui peut donc y accéder à sa convenance, à partir du moment où il se met en quête.
Secondement, sa mise en pratique au quotidien jusqu'à l'incarnation absolue de sa version divine (Homo Deus), ici et maintenant, dans notre corps de chair est devenue réalité pour qui s'y adonne avec ferveur.
Autour de nous, tout est propice à cette révolution de l'humanité. Y compris le réchauffement climatique et les lois liberticides que les gouvernements actuels tentent de mettre en place.

Alors, prenons le train en marche et sautons à pieds joints dans cette merveilleuse aventure qu'est ce changement de paradigme !

Une puissante énergie a créé l'Univers et le monde tel qu'on le perçoit. Ceci est un fait.
Alors, de quelle énergie s'agit-il ?
Il est intéressant de savoir la nature de cette énergie primordiale car nous pourrons, par conséquent, connaître l'énergie qui demeurera au terme de toute cette expérience « matérielle ».
Faisons appel à la logique, quelle énergie a bien pu concevoir la matière de cet univers ?
Est-ce l'énergie de la haine ? Celle de la peur ? Ou est-ce l'énergie d'Amour ?
L'énergie de la haine est destructrice. Celle de la peur est séparatrice. Ces deux énergies-là désunissent ce qui est entier, elles désassemblent ce qui est amalgamé.
La vibration originelle est une énergie qui unit, soude, crée : seul l'Amour unit.
L'Amour soude et l'Amour crée.

L'Amour a donc tout engendré. Y compris la haine et la peur…
Dans quel but ?
Afin de pouvoir expérimenter la mort, la séparation, la dissociation, la guerre, la destruction. Autrement dit, expérimenter exactement ce qu'elle n'est pas.
L'Amour aspire à créer ce qu'il n'est pas afin de « prendre conscience » de ce qu'il est.
Sans l'ombre, l'on ne peut percevoir ce qu'est la lumière.
Sans la séparation, l'on ne peut comprendre ce qu'est l'union.

Sans la mort, l'on ne peut concevoir ce qu'est la vie.

Sans la guerre, l'on ne peut saisir ce qu'est la paix.

Sans l'égoïsme, l'on ne peut appréhender ce qu'est la générosité…

En conclusion, tout est né de l'Amour et tout y retournera.

Aujourd'hui, en 2020, le temps est venu d'incarner cette énergie divine présente en chacun d'entre nous. Devenons Homo Deus.

Nous sommes attendus lors de cette période d'ascension planétaire où chacun a enfin la possibilité de devenir la version la plus divine de lui-même !

Tu pensais l'évolution de l'Homo Sapiens arrivée à son terme ?

Il n'en est rien. Notre évolution est toujours en cours…

Bientôt, l'humain entrera dans une nouvelle phase infiniment plus majestueuse, avec, pour seuls guides, l'Amour, la compréhension et l'incarnation au quotidien de notre nature véritable.

Résultat garanti si tu intègres pleinement et totalement chacune des quarante étapes.
Objectif réalisable en 40 étapes.

Prends le temps qui t'est nécessaire pour assimiler et incarner chaque enseignement.

Un jour, trois jours, une semaine, un mois, un an ou une vie ? Cela n'a aucune importance, tu es ton propre maître.

Le simple fait de vouloir suivre cette voie si particulière et audacieuse est déjà une réussite en soi.

Aujourd'hui, il n'y a plus aucun mystère ni secret autour de la méthode à suivre pour devenir un Homo Deus. Ce livre en est la preuve.

En revanche, la difficulté consistera à totalement conscientiser chacune des quarante étapes, à les ressentir comme profondément justes et parfaites pour toi, à n'en plus douter et à devenir cette pure conscience d'Amour incarnée.

Là est le véritable challenge…

L'ordre de ces quarante étapes est une proposition et, en aucun cas, une obligation.

Tu peux en prendre connaissance et les intégrer dans l'ordre qui te correspondra, le résultat sera identique.

Le temps est venu de te rappeler ta nature véritable et de la manifester au quotidien.

Il est l'heure de te remettre au centre de ta vie, d'en assumer pleinement la responsabilité et la souveraineté.

Cesse de remettre aux autres ton pouvoir, ta liberté ou ta sécurité.

Par-delà les apparences, toi seul est capable de t'en charger.

Ce livre te mènera sur la voie de ta liberté,
en TOUT temps et dans TOUS les domaines.

ÉTAPE 1

L'unique certitude inébranlable
est que ta conscience existe.

Seule existe ta conscience.

Si tu remets en doute toute connaissance pour te forger la tienne basée sur une certitude absolue, la seule réalité qui subsiste est le fait que tu sois en train de penser.

Tout le reste est peut-être un rêve, une illusion, un décor de théâtre ou une « matrice » qui te fait miroiter un monde virtuel…

Tu ne peux être certain que d'une chose :
« Tu penses, donc tu es ».

Comme le disait René Descartes et avant lui, le philosophe Gómez Pereira :
« Je pense, donc je suis ».
« Je suis en tant que je pense ».

Si ta conscience est la seule réalité, alors tu peux mesurer toute la puissance du moment présent !

Ainsi, ne fais confiance qu'au moment présent, car c'est le seul moment où tu es pleinement là. Finalement, cette infinité de moments présents qui se succèdent représente le meilleur moyen d'influencer concrètement ton existence. Agis maintenant et cesse de repousser au lendemain ce que tu peux faire dans l'instant.

Pose ton attention sur ton corps, sur les émotions qui passent en toi, sur les sensations que tes cinq sens te transmettent.

Cela, seul, est ta réalité !

Oublie le passé.

Oublie le futur.

Vis uniquement dans le présent.

Comprends que seul le Présent existe. Tu n'as jamais été dans le passé, ni ne sera dans le futur.

Tu es constamment dans UN Présent. Toujours ce même présent qui dure et se prolonge indéfiniment.

Ce Présent est Permanent ! Tu peux arrêter de relier ce Présent à un passé ou à un futur.

Ce Présent existe de manière omniprésente ! Le Présent EST. Car il n'y a que cela avant, pendant et après. TOUJOURS.

Sois dans la joie maintenant. Sois en présence.

Dès que tu es envahi par tes pensées, dès que tu te rends compte que tu es envahi par tes pensées, alors répète, mentalement ou à haute voix, le mot : « Maintenant. »

À chaque instant de la journée, répète ou pense au mot « Maintenant ».

Au moment de te coucher, recommence à murmurer ou à penser : « Maintenant ».

Décompose lentement ce mot pour bien en comprendre tout le sens, il est puissant : MAIN-TE-NANT

Sois en présence. Sois présent à toi-même.

MAINTENANT, pose ton attention sur ce qui se passe autour de toi, sur ce que ta peau touche, ton nez sent, tes oreilles entendent, tes yeux voient…

Cet exercice te libère des angoisses du futur, des remords et des regrets du passé.

Répète ce mot chaque fois que tu aimerais retrouver ton calme. Car en réalité, au moment présent, tout se passe souvent très bien ! Seule ton imagination alimente tes peurs en échafaudant des scénarios catastrophes.

Pendant un instant, considère-toi comme une chenille.
Ce livre et l'intégration des quarante étapes représentent la formation de ta chrysalide.
À l'issue de cette rencontre avec toi-même, avec ta véritable nature, avec une réalité encore inconnue que tu t'apprêtes à toucher du doigt, émergera le papillon qui sommeillait en toi !
Bienvenue dans cette expérience riche d'apprentissages que tu as choisi de vivre MAINTENANT.

**Libération du doute sur ce qui est vrai
et ce qui ne l'est pas.
Libération de tous tes questionnements incessants
Car une seule chose est certaine :
tu penses, tu es, donc ta conscience existe.
TU ES TOUT.**

ÉTAPE 2

Regarde-toi avec amour. Aime-toi.

Observe ton corps dans un miroir.
Ce que tes yeux de chair voient est ton apparence physique, autrement dit, une facette de toi.
En revanche, ce que tu vois dans ce reflet n'est pas ta nature profonde et véritable.
Tu possèdes de nombreuses facettes mais les yeux de chair ne peuvent voir que les corps de chair.

Si tu ne t'aimes pas, pourquoi les autres t'aimeraient-ils ?
Si tu ne t'aimes pas, comment pourrais-tu aimer les autres ?
Si tu n'acceptes pas tes défauts, tes faiblesses et tes imperfections, comment pourrais-tu accepter ceux des autres ?
Regarde-toi sans te juger. Ignore les codes de beauté imposés par notre société.
Aime la couleur de ta peau, aime l'épaisseur de tes hanches, aiment tes cheveux, aime la taille de ton corps, de ta verge ou de tes seins, aime ta pilosité, aime la forme de ton nez, aime les particularités qui composent ton physique.

Libère-toi du besoin qu'une autre personne te complimente ou t'admire.
As-tu envie d'entendre des mots doux ou des phrases d'amour ? Dis-les à toi-même et reçois tes compliments avec gratitude.

Cesse de dénaturer ton corps POUR plaire à autrui.

Arrête de vouloir maigrir, grossir, t'épiler, te raser, te maquiller… dans l'unique but de plaire aux autres. Fais-le uniquement si cela t'apporte un réel plaisir. Sois honnête envers toi-même quand il s'agit de savoir si tu le fais pour toi ou par pression sociale.

Aime ton corps, peu importe son état, son âge ou sa santé. Il est là, aujourd'hui, ici, avec toi et pour toi.

Vous formez une équipe indivisible le temps de ce passage sur terre. Profites-en et remercie-le !

Sans lui, tu n'aurais pas pu vivre les expériences que tu as vécues ni celles qui t'arriveront par la suite.

Sans lui, tu serais encore à l'état d'âme désincarnée. Être une âme sans corps, c'est bien aussi, mais ce n'est pas le même effort, le même travail, cet état-là ne te permet pas d'évoluer !

Sur cette terre où règne la dualité, ton apprentissage est exacerbé et ultra-efficace. Car tout est fait pour que tu grandisses en conscience, ici.

Tout passage sur cette planète est d'entrée de jeu une réussite, une victoire sur toi-même.

Ce qui se vit après la mort ne te permettra pas de poursuivre ton évolution de conscience.

Tout s'acquiert ici et maintenant.

Alors, remercie-toi d'avoir accepté ce challenge audacieux !

Car, même si tu n'en as gardé aucun souvenir, tu as validé cette incarnation. Le libre-arbitre est total et universel. Si tu avais dit « non » à cette existence, tu ne serais pas né.

Or, tu es là.

Tu peux te faire confiance. Ton âme sait pertinemment ce qu'elle a programmé pour évoluer.

Écoute et suis ses précieux conseils, ta vie s'en trouvera transformée.

Tu as « intégré » ce corps il y a plusieurs années. Sois certain d'une chose : ton corps t'aime.
Il fait de son mieux avec les conditions qui lui sont imparties. Ainsi, aime-le d'un amour inconditionnel.
Câline ton propre corps, masse-le, caresse-le, soigne-le, hydrate-le, nourris-le avec une nourriture saine et variée.
Renseigne-toi sur les bienfaits des différents aliments. Privilégie les ingrédients frais, crus, de saison, locaux et sans pesticides.
Éteins la télévision car elle donne la parole à des individus déconnectés de la réalité et de leur humanité. Ceux-ci propagent des conseils mensongers sponsorisés par d'innombrables lobbys.
Pense par toi-même.
Cherche les informations en suivant ton intuition et en écoutant ton discernement.
Découvre de nouvelles recettes, des superaliments (spiruline, chlorelle, graines de chia, maca, curcuma, gingembre, ail...), essaie de nouveaux ingrédients, la terre en regorge !

Libération de ton besoin d'être aimé et désiré.
Libération de ton besoin de plaire et de correspondre aux normes de la société.
Libération du poids du regard des autres.
TU ES TOUT.

ÉTAPE 3

**Deviens végétarien.
« La Source » est une seule et unique conscience
qui expérimente une infinité de facettes.
Donc je suis l'autre et l'autre est moi.**

Tu es l'autre.
Tu es le plus petit. Mais tu es aussi le plus grand. Ainsi que tout le reste !
Malgré les apparences, tu es un humain mais tu es aussi le cheval, le cochon, le papillon, l'arbre, l'eau…
Pour que notre âme puisse évoluer en conscience, il faut appliquer les changements à tous les niveaux de notre être en travaillant sur nos pensées, nos paroles et nos actes.
Si le changement reste uniquement au niveau du mental, des pensées ou même au niveau des paroles, cela ne pourra pas réellement prendre racine dans la vie concrète.

Progressivement, commence à éliminer la viande et le poisson de ton alimentation.
Tu ne peux plus souffrir de nuire à autrui pour t'alimenter. Tu n'en as plus besoin.
En Occident, de nos jours, les protéines végétales se trouvent sans le moindre souci. Pois chiches, haricots rouges, lentilles de toutes les couleurs, graines germées, épinards, chou kale…
Ces végétaux sont riches en protéines et en fer. En outre, ils s'assimilent plus facilement que les protéines animales.
Les légumes et légumes secs sont moins chers que la viande, même en choisissant des producteurs bio et locaux !

De plus, tu te nourris de l'Amour que tu portes aux êtres, aux plantes, à toi-même, à l'Univers, au Tout.

Suis tes aspirations. Si ton envie te pousse à diminuer ta consommation de viande, alors aide-toi en cherchant de nouvelles recettes végétariennes et de nouveaux ingrédients qui remplaceront les apports nutritifs en protéines.
Renseigne-toi aussi quant aux réelles conséquences d'une alimentation carnée sur le corps humain. Garde à l'esprit qu'il existe un « lobby de l'industrie animale ». Ce lobby est payé pour te cacher certaines vérités pourvu que tu continues à l'engraisser financièrement en t'engraissant physiquement…

Au-delà de ces arguments terre à terre, sache que les conséquences vibratoires d'une alimentation carnée sur tes corps (physique, mental et émotionnel) ne sont pas anodines.
En consommant un animal mort, quels types d'énergies assimiles-tu ? Les énergies imprégnant un morceau de chair issu d'un être sensible qui a vécu une vie de torture puis une mort ignominieuse.
Quel bienfait peux-tu obtenir de ce genre d'alimentation ?
Préfères-tu ingérer des morceaux de cadavre ayant subi une multitude de souffrances durant leur courte vie ? Ou des végétaux ayant poussé dans un champ, nourris par l'eau, le soleil et les nutriments de la terre ?

Restons maintenant dans les hauteurs de la Conscience Universelle qui est au-delà du « bien », du « mal », de la « souffrance » ou du « bien-être » de toute chose.
Tu es TOUT, tu te vois en chaque élément.

Ainsi, écoute-toi et nourris-toi d'ingrédients qui te font grandir et mûrir dans l'Amour.

Ton nouveau leitmotiv est :
   « *Fais aux autres ce que tu voudrais qu'on te fasse* ».

Que ce soit au passant qui te bouscule, au steak que tu veux dévorer, à l'enfant qui insiste pour que tu lui accordes un peu d'attention, à ce voisin qui semble déprimé, au sans-abri qui demande un peu d'argent, à cette mouche qui voudrait sortir de la pièce…
Imagine-toi à leur place puis effectue l'action qui te semblerait idéale pour toi-même à ce moment-là.

La viande n'est pas indispensable pour être en bonne santé. Elle semble même être néfaste au vu de la qualité industrielle et de la quantité exagérée consommée par l'humain.
Renseigne-toi sur les recettes végétariennes et sur les ingrédients végétaux à privilégier pour remplacer la viande.
Offre-toi une transition alimentaire en douceur.
Respecte tes envies et ne contrains pas ton corps en le frustrant ou en le privant avec rudesse. Réalise cela dans la fluidité et la légèreté.

Libération de ton besoin de manger des êtres vivants et sensibles.
TU ES TOUT.

ÉTAPE 4

Marche et, surtout, marche dans la nature !

Socrate était un grand marcheur, Rimbaud, Kant et Rousseau aussi, puis tant d'autres encore…
Ils marchaient pour réfléchir, pour méditer, pour se libérer l'esprit des pensées entêtantes, pour rencontrer les gens, découvrir de nouveaux paysages.

Ce mouvement fluide du corps libère l'esprit.
Si, de surcroît, tu marches dans la forêt, la montagne, la campagne, au bord de la mer, d'un lac ou d'une rivière, cela facilitera ta connexion aux forces de la nature.
L'extérieur est ton environnement naturel ! Il est là pour te ressourcer.
Tu n'es pas fait pour vivre entre quatre murs ni dans des villes bétonnées où la couleur grise prédomine.
La nature t'apporte énergie, joie et bien-être.
Plus tu seras au grand air, plus ton esprit sera vif et ton corps sain.
Observe que le mode de vie moderne va exactement à l'encontre de ce qui t'est bénéfique :
La marche est éliminée au profit d'une station assise dans une voiture ou devant un bureau.
Le ciel bleu et la campagne ont été remplacés par des routes d'asphalte et des immeubles.
Les animaux et les insectes qui nous côtoyaient au quotidien ont été éradiqués à coup de pesticides, d'insecticides et de normes de sécurité.

Les aliments crus, locaux et végétaux ont été évincés au profit d'une malbouffe venue de l'autre bout de la planète. Et la liste est longue…

Marcher permet aussi d'aller à la rencontre des autres et d'observer le monde.
Marcher augmente la créativité.
La marche stimule la réflexion, elle facilite la concentration.
Elle contribue à un corps tonique.
Contrairement à ce que l'on pourrait croire, la marche est le remède idéal pour soigner les maux de dos.

La marche est une sorte de méditation, elle libère ton esprit d'un nombre incalculable de pensées stériles et redondantes. Ainsi, faisant place nette dans ton mental, la voie est enfin libre pour que tu « reçoives » des idées nouvelles et inspirées.
Ton mental ne peut réceptionner une idée s'il est constamment en train de turbiner sur un souci passé, une peur future ou une colère contenue…
Il doit être en paix. Alors seulement il repèrera l'idée subtile et discrète soufflée par ton âme.

Les idées émanent du « Grand Tout », elles te sont envoyées quand ton esprit est disponible pour les recevoir.
Ton esprit est comme un poste de radio qui capte les ondes.
L'humain est un poste radiophonique de hautes fréquences (mais aussi de basses fréquences quand son état d'esprit est anxieux).
La marche favorise cette « réception divine », car la marche permet d'oxygéner ton corps et de penser à autre chose.

Quand on a une intuition, cela signifie qu'on vient de recevoir une idée qui n'appartient ni à notre mental, ni à notre mémoire, ni à notre bagage intellectuel.

Une intuition dépasse notre propre vécu, elle appartient à la « Source », au « Grand Tout ».

Lorsqu'une personne dit avoir reçu l'inspiration, cela signifie qu'elle a réceptionné une multitude d'intuitions ! Une rafale de connaissances intuitives et omniscientes.

Nous recevons tous des idées. Et ce, d'innombrables fois chaque jour. La difficulté réside dans le fait de les écouter et de les appliquer en les réalisant concrètement…

Géniales ou banales, toutes les idées sont parfaites et elles nous arrivent au moment opportun.

Plus tu affineras ta perception de l'instant où tu reçois une idée (et non tes simples pensées), plus tu ressentiras un bien-être puissant et transcendant à ce moment précis !

Bientôt, dès que tu seras traversé par une idée vibrante, tu ressentiras une véritable jouissance de l'esprit…

**Libération de ton besoin de travailler dans un boulot
qui ne te convient pas pour « gagner ta vie ».
Écoute tes idées, elles dicteront le planning
de tes journées, au fur et à mesure.
Sois ton propre patron. Sois ton propre guide.
Sois ta propre boussole.
Libération de ton besoin de contrôler, de programmer,
d'anticiper. Aie confiance en toi, en la vie,
en l'Amour, en tes idées merveilleuses.
Tu marches donc tu es.
TU ES TOUT.**

ÉTAPE 5

Tu ris, tu es dans la joie.

La joie ! La joie est ton état de base.
Les autres émotions n'apparaissent que pour te montrer que tu es en train de prendre une voie qui n'est pas en accord avec ton moi profond.
Ce sont des « émotions-guides » qui t'indiquent que tu peux accueillir pleinement ce que tu vis à ce moment, afin de retrouver ta joie qui est ton état permanent.

Apprends à décoder le message que t'envoie chacune des quatre émotions principales.
Ton émotion de base, autrement dit ton état de base, étant la joie.

LA PEUR :
Quand tu as peur, cela signifie qu'**il faut passer à l'action !**
Si tu ne fais rien, si tu persistes dans cette voie, tu risques gros, peut-être même la mort.
Ainsi, quand la peur se manifeste, apprends à retrouver tes esprits et à agir en écoutant l'idée d'action qui te vient naturellement à l'esprit.
Tu agis, donc tu retrouves ton pouvoir personnel, donc tu n'es plus une victime démunie face aux problèmes qui surviennent.
Tu agis, donc tu t'écoutes et tu deviens acteur de ta vie et non plus un observateur impuissant.

LA TRISTESSE :

Tu éprouves de la tristesse quand la vie t'indique qu'**une étape se termine.**

Ainsi, tu dois en faire le deuil pour laisser advenir la nouvelle étape qui se profile à l'horizon.

La tristesse doit être accueillie avec amour et gratitude. Par elle, tu prends conscience que certaines choses vont changer dans ton quotidien et que tu vas devoir t'adapter à une situation inconnue.

Tu te fais confiance et tu as foi en la perfection de la vie et la richesse de son enseignement où les événements arrivent au moment idéal pour ton évolution personnelle.

LA COLÈRE :

Si tu es en colère, cela signifie que **tu dois t'exprimer !**

La colère t'envahit quand on ne respecte pas tes limites, quand tu te sens dénigré, non respecté pour ce que tu es.

Une situation qui te paraît injuste te mettra en colère.

La solution est de t'exprimer, de t'affirmer. La colère t'invite, te pousse, te supplie de t'exprimer clairement pour faire entendre ton point de vue.

Quelqu'un en colère a donc d'abord besoin d'être écouté avec considération, d'être pris au sérieux.

LA JOIE :

Tu es dans la joie ? **Alors continue comme ça, tu es sur la bonne voie !**

Ton attitude et tes choix sont parfaits.

Dès que tu perds cette joie et qu'elle est remplacée par l'une des trois émotions précitées, cela t'informe que tu dois revoir tes décisions, changer quelques points dans ton mode de vie.

En conclusion, tes émotions sont des alliées précieuses !

Elles ne sont pas là pour te pourrir la vie, sauf si tu ne les écoutes pas et que tu rejettes les actions qui te permettraient de retrouver l'harmonie.

Ris et souris à la moindre occasion. Prends la vie comme une pièce de théâtre pleine de surprises, de rebondissements incroyables et d'humour !

Observe que, quand tu ris, tu te sens léger. Tout coule de source, tout découle du rire !

Le rire et la joie sont les « clés du Paradis sur terre ».

« La Joconde » peinte par Léonard de Vinci possède un indice caché pour trouver le bonheur :

Mona Lisa nous enseigne de sourire en toute occasion.

N'accorde pas trop de sérieux aux événements, cesse de considérer le monde avec gravité…

Car ta gravité ne changera rien à la situation. Si ce n'est qu'elle risque de l'aggraver encore plus.

En revanche, ta joie et ton entrain déteignent sur ton entourage tout autant que sur toi-même.

Ton sourire égaiera ton visage et apaisera ton corps. Ce bien-être se répercutera aussi sur tes autres corps subtils (corps mental et émotionnel notamment).

Quand tu ris, tu vibres tellement plus haut !

Tu te sens en expansion, en symbiose avec le monde.

Et si tu n'as pas le cœur à rire car tu t'identifies encore trop à ton « personnage incarné », alors danse, chante, crie de joie ! Joue à être euphorique et cela irradiera même tes cellules…

Bouge ce que tu sais bouger de ton corps et inspire lentement pour oxygéner tes poumons.

Tu es là, ici et maintenant. Rien d'autre n'a d'importance.
Souris ou ris dès que tu le peux.
Mets-toi en joie, cela allégera immédiatement tes pensées.
Tu n'as aucune prise sur les événements. Par contre, tu peux gérer ton attitude face à ces mêmes événements ! Tu peux changer tes réactions, ton humeur.
Transforme tes pleurs de tristesse en pleurs de rire.
Accueille avec amour ce qui est et ce que tu ne peux pas changer. Puis ris de cette prise de conscience, car tu es infiniment plus que cela.
Rappelle-toi qu'en réalité, seul existe l'Amour.
Éclate de rire, joue le jeu à fond.
S'il le faut, fais même semblant de rigoler pour lancer le mouvement, faire « comme si » actionne le stimulus nécessaire pour créer le rire véritable, l'éclat de rire authentique.

Grâce à l'humour, tout peut être dit. Pourquoi ? Car le rire permet de mettre de la distance avec l'émotion désagréable ou avec l'événement difficile. Or rien n'est pire que de se sentir englué dans le problème, sans visibilité autre que la vision restreinte de sa petite personne fragile et égotique.

**Libération de ton besoin d'être sérieux et
d'être pris au sérieux par ton entourage.
Libération de ton devoir d'être un « adulte ».
Retrouvailles avec ton « enfant intérieur ».
TU ES TOUT.**

ÉTAPE 6

Distance-toi de tes rôles, de tes appartenances.

Tu es.
Tu n'as plus de noms.
Ni prénom, ni nom, ni date de naissance.
Le temps n'existe pas.
Tu n'as plus de nationalité, plus d'identité. Tu es un être vivant parmi les autres êtres vivants.
Pourquoi la Conscience Universelle a-t-elle eu « besoin » de s'incarner en une multitude d'êtres ?
Comme toi, elle aspire à se connaître, à s'exprimer, à se découvrir.
Durant ton enfance, dès que tu as compris que ton corps t'appartenait et que tu étais libre de ton temps, qu'as-tu fait ?
Tu as directement et continuellement voulu expérimenter ta relation avec les autres, mais aussi avec les objets, les jouets, la nourriture, la nature…
Tu as goûté d'innombrables saveurs afin de savoir celles qui te plaisaient et celles moins agréables pour ton palais.
Dans tes jeux, tu as endossé un nombre incalculable de personnages :
Tu étais le gentil, le méchant, le cow-boy, l'indienne, la sirène, le pirate, le bébé, la maman, le papa, l'élève, le maître, le guerrier, le chevalier, la pauvre, la reine, la veuve, l'orphelin, le serviteur, la sainte, l'héroïne, le bandit, le tricheur, le bouffon, le cheval, le taureau, le torero, l'oiseau…

Tu t'es déguisé. Tu as interprété ces rôles dans des jeux, dans des pièces de théâtre, dans des vidéos réalisées seul ou avec tes copains…

Tu as écrit des histoires d'horreur, des histoires drôles, des romans à l'eau de rose, des récits de fiction, des autobiographies…

Tu as dessiné à la peinture, aux crayons ou aux feutres, des œuvres hautes en couleurs et d'autres très sombres.

Tu as inventé des fresques épiques, des portraits insolites, des mondes imaginaires…

Tu as rencontré des êtres magnifiques, d'autres qui t'ont mis dans une rage folle ou une tristesse profonde. Tu t'es découvert en réaction face à ces différents individus.

Tu as aimé, tu as adoré, adulé, admiré.

Tu as haï, tu as détesté, méprisé, ignoré.

Tu t'es senti vivre, tu t'es cru mourir, tu as vécu la tristesse, la joie, la nostalgie, la peur, la fureur.

Cela t'a permis d'en savoir plus sur toi, plus intensément et plus profondément.

Comme toi, la Conscience Universelle aime exprimer ses mille et une facettes. Elle aspire à se goûter elle-même, elle se délecte d'être comme ceci et aussi comme cela.

La Conscience est Amour.

En revanche, elle s'est donné l'opportunité d'oublier cet Amour, ce Tout, pour pouvoir le redécouvrir encore et encore.

L'oublier pour vivre l'extase de la découverte. Et ce, à l'infini !

Jusqu'à incarner complètement cette énergie d'Amour Pur dans la matière, jusqu'à spiritualiser cette matière.

Pour cette étape, prends l'habitude de parler de toi à la troisième personne. Au moins, pour tes pensées et dans ton mental.

Il n'y a plus de « je » car tu redeviens le TOUT.

Tu deviens l'une des expérimentations de la Conscience Universelle.

Donc tu parles avec distance de « ton » ego, de « ton » mental, de « ta » personnalité physique incarnée qui n'est pas réellement ton essence…

Par exemple : « Il se sent malheureux aujourd'hui car il est au chômage. Il a peur de ne pas avoir assez d'argent pour vivre dans l'abondance. »

Libération de ton besoin d'endosser tel ou tel rôle réducteur, cloisonnant, sclérosant, contraignant. Libération des attentes des autres vis-à-vis de toi en raison du rôle que tu es censé prendre dans cette société. TU ES TOUT.

ÉTAPE 7

Ce qui te fait souffrir à l'extérieur
provient d'une souffrance à l'intérieur de toi.

Quand tu vois ou entends un événement qui te heurte par son horreur, cesse de vouloir changer le monde et ses imperfections. Mais observe en toi la blessure que ça réveille, la peur que ça révèle.

L'extérieur est là pour transmuter les émotions que tu as enfouies en toi et que tu refuses de regarder en face.

On est tous UN. On est tous interconnectés.

Les changements que tu parviens à faire en toi se répercuteront immanquablement sur le reste de l'humanité.

On est tous liés. Seule existe l'illusion de la séparation.

Envoie de l'amour aux événements et aux personnes que tu trouves abominables, car s'ils sont dans ton champ de perception, ça signifie que cette noirceur fait aussi partie de toi.

Rappelle-toi que seule la Conscience Universelle existe. Et puisque tu existes alors TU es cette Conscience Universelle. TA conscience EST la Conscience Universelle. Ou plutôt, la Conscience Universelle EST TA conscience.

Excepté ta conscience, tu n'as aucune preuve que le reste existe réellement.

Ainsi, accueille la pièce de théâtre qui se joue à travers toi.

N'essaie plus de vouloir changer le monde, la société, les autres, ton conjoint ou ta famille.

« *Sois le changement que tu veux voir en ce monde* » disait Gandhi.

Le proverbe de « la paille et la poutre » pourrait s'appliquer au monde entier !

Explication : Ce que tu reproches aux autres provient de toi. L'autre étant le miroir grossissant des qualités ET des défauts que tu possèdes déjà en toi.

Tu es ici sur terre pour expérimenter ce que ton essence n'est pas en réalité :

Tu n'es pas mortel. Tu es immuable, ni né, ni mort. Hors du temps. Tu es.

Tu n'es constitué d'aucune peur, d'aucune haine. La peur et la haine te servent uniquement dans cette incarnation pour révéler ce que tu es, par opposition. Tu es pur Amour.

Tu n'es séparé ni des autres, ni du reste de l'univers. Tout est Un. UNITÉ totale. Par conséquent, il ne peut y avoir de hiérarchie car nous sommes tous égaux.

Ainsi, il n'existe pas de différence entre un roi et son sujet ou entre un humain et un insecte.

Nous sommes tous issus de la même Source créatrice, nous sommes tous le fruit de la Conscience Universelle. Nous SOMMES la Conscience Universelle.

Tu n'as à obéir qu'à ton âme et non à une loi, un patron, un policier ou un professeur…

Ainsi, il y aura de la noirceur, de la peur, de la manipulation, du mensonge sur cette planète, tant que tu en mettras aussi dans ton quotidien, dans ton rapport aux autres.

Même en dose infime, même en étant persuadé que ce « petit mensonge », ce nécessaire « secret », est pour le bien d'autrui.

Tu vivras cet « enfer » sur terre, tant que tu refuseras de voir que tu possèdes des parts d'ombre à transmuter et que tu te persuaderas d'être parfait ou supérieur aux autres.

Pratique chaque jour la méthode « Ho'oponopono ».
Dès que tu détestes quelqu'un (un politicien corrompu, un président baratineur, un producteur de cinéma violeur, un assassin, un banquier sans morale, un pédophile, une star égocentrique, la nouvelle copine de ton ex, un pervers narcissique, un dictateur, Satan, les illuminatis…), regarde sa photo et répète ces mots :
        « Je m'excuse. Pardonne-moi. Merci. Je t'aime. »
Tu peux même prononcer ces phrases en te regardant dans le miroir, à ton intention donc.

Libération de ton besoin de lutter pour gérer, dominer, apaiser ou faire taire tes émotions. Libération de l'impression d'être impuissant face aux horreurs de ce monde car tu es le changement que tu veux voir en ce monde. Agis. TU ES TOUT.

ÉTAPE 8

Tu ne t'identifies plus aux émotions qui te traversent.

Tu te désunis d'elles. Elles ne sont pas toi.
Maintenant que tu sais décrypter le rôle de tes émotions (pour rappel, référence-toi à l'étape 5), apprends à les transcender !
Car sur le chemin qui mène à l'Homo Deus, tu ne t'identifies plus au personnage égotique que tu incarnes présentement. Tu es au-delà de ça, au-delà de tout.

Des émotions (sensations dites « positives » ou « négatives ») peuvent monopoliser ton attention. Dès que tu t'en rends compte, accueille-les sans jugement.
Ne les classe dans aucune catégorie, ni « bien » ni « mal », ni même « agréable » ou « désagréable ».
Regarde-les avec bienveillance.
Laisse-les passer en souriant de les voir naître, vivre et s'évanouir en toi.
Tu n'es pas tes émotions.
Tu es. Tout simplement.

Abandonne les termes « Je » ou « Moi ». Utilise de préférence « Tout » ou « Ça », par exemple.
Car il n'y a plus d'identification à toi-même, ni à ton ego, ni à ton mental, ni à ta personne humaine, ni à ton corps physique.
Remplacer le mot « Je » par « Ça », facilitera la distanciation avec tes émotions.
À voix basse ou mentalement, décris ce qui se passe en toi de manière détachée :

Ça a peur.

Ça ressent de la colère face à la réaction d'untel.

Ça a faim et ça croit qu'elle doit absolument manger quelque chose maintenant.

Ça aime regarder ce film.

Ça voudrait gagner au loto.

Tout expérimente l'angoisse.

Tout se sent très frustré.

Bois un peu d'eau. L'eau permet d'atténuer le trop plein d'émotions qui t'envahit.

Il est conseillé aussi de quitter la pièce où tu t'es énervé, le mieux étant d'aller dehors.

L'air frais et vivifiant dissipera rapidement ton stress.

Si tu as un surplus d'énergie à évacuer, n'hésite pas à cumuler cette sortie avec un peu de marche.

Faire une balade d'une heure n'est pas obligatoire, un simple tour de pâté de maisons sera apaisant pour ton mental.

Si tu souhaites ancrer la désidentification à ton ego, la première phrase que tu dirais en te réveillant chaque matin, pourrait être :

« *Good morning, illusion du "Je" !* »

À partir d'aujourd'hui, apprends à voir que ce qui t'entoure est sensible et doté d'une conscience !

Respecte la chaise sur laquelle tu t'assois, l'ordinateur avec lequel tu travailles, la voiture que tu conduis, l'herbe que tes pieds frôlent, la brise qui te caresse…

Remercie chaque aliment que tu vas manger et savoure-le en conscience.

Prends le temps de le déguster, de l'apprécier, de le mastiquer.

Profite de l'instant où cette bouchée est perceptible par ton palais et tes papilles car dès qu'elle sera avalée, tu en perdras la trace. Comme si elle disparaissait.

Les peuples dits « primitifs » pensaient que chaque pierre, chaque nuage, chaque flamme ou chaque torrent étaient vivants.

Les Indiens d'Amérique se savaient partie intégrante de ce monde, sans hiérarchie, tous égaux.

Pour eux, le papillon était sur le même pied d'égalité que le buffle ou la grappe de raisins.

Ils avaient raison et leur génocide a contribué à l'oubli de cette vérité d'unité.

Mais l'éveil actuel des consciences nous rappelle à l'essentiel. Et les mirages du matérialisme ne parviennent plus à nous voiler notre universalité.

As-tu déjà entendu parler de la « *Médecine Nouvelle* » du Dr. Ryke Geerd Hamer ?

Ce docteur allemand a mis en lumière le fonctionnement du corps responsable des cancers.

Deux mois après le décès prématuré de son fils, le Dr Hamer se découvre une tumeur aux testicules. Intuitivement, il fait le lien entre le choc de la perte de son fils et l'apparition de son cancer.

Pour comprendre ce processus, il étudie les scanners du cerveau de ses patients cancéreux.

Ses analyses révèlent qu'un traumatisme violent (le décès d'un proche, un divorce, un choc psychique…) va créer une altération dans le cerveau. Cette altération sera dénommée

« Le Foyer de Hamer ». Ce foyer engendrera, tôt ou tard, un cancer.

Le Dr Hamer remarque que les cancers du sein résultent d'un conflit mal ou non réglé entre un enfant et sa mère.

Le cancer du col de l'utérus est causé par un rapport conflictuel au niveau sexuel…

Le Dr Hamer a établi la « loi d'Airain du cancer ». Celle-ci peut se résumer ainsi :

« Tout cancer ou maladie équivalente débute par un *Dirk Hamer Syndrome* (DHS). »

(Dirk étant le prénom de son fils disparu).

En effet, le DHS est un choc conflictuel très brutal, dramatiquement vécu et dans l'isolement.

Au moment du DHS se crée un foyer de Hamer à trois niveaux : psychique, cérébral et organique.

La teneur du conflit déterminera la localisation du foyer sur le cerveau et l'organe où sera localisé le cancer.

À partir du DHS, le cancer évoluera de manière égale à l'évolution du conflit non réglé.

Ce qu'il met surtout en évidence est que chaque maladie a une raison bien spécifique d'apparaître. La maladie est justement le programme mis en place par notre corps pour guérir le traumatisme du DHS !

Le Dr Hamer constate que les microbes ne sont pas nos ennemis. Au contraire, ils sont utiles et interviennent durant la phase de guérison.

Il serait donc contreproductif de faire taire les symptômes par un médicament, car ce sont précisément ces symptômes qui sont la raison de notre future guérison…

Voici pourquoi la majeure partie des animaux guérissent spontanément.

Or c'était aussi le cas des hommes avant qu'ils n'accordent leur confiance aux dépistages, à la chirurgie et à la chimiothérapie.

L'humain devrait comprendre, exprimer, accueillir et apaiser le traumatisme initial pour que la guérison puisse s'établir. Ainsi, il lui serait tellement plus utile d'aller voir un psychologue plutôt qu'un oncologue…

Le Dr Hamer n'emploie d'ailleurs plus le terme « maladie », il l'a remplacé par des mots plus neutres : « *Programme biologique spécial* ».

« Spécial » car ce programme est temporaire et exceptionnel par rapport au fonctionnement normal du corps.

Libération de ton besoin de ressentir des émotions (positives ou négatives) pour rassurer ton ego sur le fait que tu es vivant ou que ton existence est importante. TU ES TOUT.

ÉTAPE 9

Tu n'as plus à penser au passé.

Tu n'as plus à analyser ton corps pour tenter de percer le secret de tes douleurs physiques, de tes blocages, de tes maladies passées ou présentes.
Tu n'es plus ce corps, laisse-le se guérir lui-même. Comme il le souhaite et quand il le souhaite.

Tu as juste à l'aimer tel qu'il est, à respecter son fonctionnement, sa gestion des traumas et des souffrances qu'il a endurés.
Accueille ce qui est.
Ne cherche plus à comprendre tes traumatismes, ni à déceler leurs origines.
Lâche l'espoir de percer le mystère de telle ou telle maladie dont tu souffres.
Laisse aller ces vieilles croyances et cette énergie folle que tu dépenses pour tenter de guérir les blessures du passé.
Quand tu comprendras que tu n'es PAS la personne à qui ces difficultés sont arrivées, alors tu n'en souffriras plus. Automatiquement.
Tu conscientiseras que la personne qui lit ce livre à cet instant, n'est pas vraiment toi.
Car tu es la Conscience Universelle qui lit à travers les yeux de cet humain afin d'expérimenter cette facette de lui-même.
Et cette Conscience Absolue lit et vit à travers chaque être, chaque animal, chaque plante, chaque élément sur cette terre et dans l'univers entier !

Tu n'as plus besoin de lutter « contre » ta maladie puisque tu n'es pas réellement ce corps malade.

Personne n'est irremplaçable. Et pourtant, chacun est unique.

Quand tu intègres que le personnage qui participe à cette pièce de théâtre, n'est qu'une infime facette de TOI, donc du TOUT, alors tu n'as plus d'attente de guérison. Tout est parfait en tant qu'expérience.

Si tu guéris, c'est parfait. Si tu ne guéris pas, c'est parfait aussi.

TOUT est expérience.

Le lâcher-prise est une autre clé de l'épanouissement.

« Les crises, les bouleversements et la maladie ne surgissent pas par hasard.
Ils nous servent d'indicateurs pour rectifier une trajectoire, explorer de nouvelles orientations, expérimenter un autre chemin de vie. »

Carl Gustav Jung.

Dès qu'une pensée liée au passé traverse ton esprit, alors répète le mantra « EN PRÉSENCE » ou « MAINTENANT ».

Ainsi, ton attention se posera sur l'instant, sur ce qui se déroule autour de toi et non sur les projections dépassées et figées du passé.

C'est uniquement dans le présent que tu peux agir.

C'est dans l'immédiat que tu crées ta vie.

C'est dans l'instant que tu as les moyens de la transformer en une évolution vers l'Homo Deus ou en une voie déconnectée de ta vraie nature.

Libération de ton besoin de te rappeler du passé.
Libération de ton besoin de conserver des photos,
des vidéos, des écrits de ton passé.
Libération de ton besoin de penser que tu as
un passé qui influence ton présent ou ton futur.
Cessation de tes luttes pour guérir, pour rester
en forme, pour vivre à tout prix.
TU ES TOUT.

ÉTAPE 10

Tu n'as plus à t'inquiéter du futur.

Le futur ne t'angoisse plus car tu n'as plus de passé. Or seul un être ayant déjà enduré des événements difficiles et traumatisants peut craindre le futur.

Lorsque tu es vierge d'histoire ou de mémoire, tout est possible et tu fais totalement confiance à ce qui s'en vient.

Rien ni personne ne peut prévoir le futur. Donc, il est inutile de chercher à le découvrir en avant-première.

Fais-toi confiance en sachant que tu agiras au mieux en fonction de la situation qui se présentera.

Pour accueillir au mieux l'avenir, il te faut juste cette confiance totale en toi, en tes capacités d'adaptation et en la vie.

Le futur est imprévisible puisqu'il est, comme tout dans cet univers, en perpétuel changement !

Tu n'as aucun avantage à en avoir une vision pessimiste. Cela te déprimerait, te pousserait à procrastiner et te viderait de ta précieuse énergie.

Tu n'as pas plus d'intérêt à l'imaginer positif. Cela ne changerait rien aux événements qui arriveront tôt ou tard.

Puis surtout, imaginer le futur te déconnecte du moment présent. Or seul ce moment te permet de créer/changer ta vie !

Quand une idée te vient à l'esprit, si elle est réalisable dans l'instant, alors, exécute-la : elle est parfaite et tu l'as eue au moment idéal.

D'autre part, ainsi réalisée, elle ne t'encombrera plus la tête. Cette pensée sera évacuée au profit d'une nouvelle idée !

En revanche, si tu as une idée qui concerne un moment ultérieur, un moment où tu ne te trouves pas actuellement, note l'idée sur une feuille et garde ce papier dans un endroit où il sera bien en vue. Puis, lâche cette pensée. Elle ne t'est plus d'aucune utilité à présent !

Retranscrire ton idée est la seule action que tu peux réaliser au moment où tu reçois une info qui concerne le futur. Une fois que c'est noté, fais le vide en toi, cela permettra à de nouvelles idées de venir enrichir ton quotidien.

Il est inutile d'alourdir ton esprit avec des pensées négatives, redondantes ou dénigrantes.

Ton esprit et ta vie se porteront mieux si tu ne t'accroches pas à ce monologue intérieur. Laisse-le défiler sans te l'approprier ni le développer.

Si tu crains un futur désastreux pour la planète et ses habitants, alors agis maintenant en créant chaque minute un PRÉSENT idéal !

Concrètement, change ton mode de consommation en y mettant de la conscience et du bon sens :

Incarne toi-même au quotidien les valeurs que tu aimerais voir régner ici-bas.

- Tu aimerais que la paix règne entre les humains ?

Sois en paix. Ne juge personne. Aime ta belle-mère toxique, ton voisin bruyant, ton collègue horripilant, ton patron trop exigeant, tes enfants épuisants, ce criminel abominable, ce président mythomane…

- Tu souhaites l'abondance pour tout le monde ?

Arrête de chercher le prix le plus bas. Car pour obtenir un tel prix, les patrons exploitent leurs salariés en utilisant des matières toxiques et de qualités médiocres. Et ce, à des milliers de kilomètres de chez toi, afin de baisser toujours plus la marge des dépenses liées à la fabrication tout en augmentant leurs propres profits et ceux de leurs actionnaires.

Rappelle-toi que, pour l'instant, l'argent dirige ce monde. Or la Bourse mène l'argent.

Donc, si tu veux une répartition juste et équitable des biens, tu dois acheter des produits et des aliments locaux et durables. Ainsi, tu permettras aux gens de ton propre pays de travailler dans des conditions décentes. En outre, tu réduiras les transports polluants et énergivores. Et tu cesseras de financer l'exploitation de la population des pays en voie de développement.

En conclusion, évite les supermarchés, les multinationales, les banques, les comptes d'épargne, les assurances et les investissements en Bourse.

- Tu as peur de la surpopulation ? On est, soi-disant, trop nombreux sur terre ?

Faux. La planète possède en abondance de l'eau potable, de la nourriture et de l'espace pour y loger ses habitants aussi nombreux soient-ils. La seule raison de cette « illusion » de manque et de surpopulation est la mauvaise répartition des ressources…

Nous ne sommes pas trop nombreux, il y a juste 1% d'humains en trop et ce 1% sont les banquiers et les milliardaires qui se sont approprié toutes les richesses pour leur compte personnel.

Sache que 1% de la population mondiale possède plus que les 99% restants. Ainsi, soixante-deux personnes sont plus riches que quatre milliards d'individus. Crois-moi, ce ne sont pas eux qui changeront les lois pour obtenir une meilleure répartition des biens !

Si chaque peuple vit dans la campagne et la nature au lieu de s'entasser dans des villes polluées, si chacun fait pousser des fruits et des légumes dans son village et dans la nature environnante, si chacun conserve les noyaux et les graines des aliments qu'ils consomment pour les replanter lors de ses promenades (ou même les jeter le long des chemins en terre !), si on construit des maisons en matières naturelles en fonction des éléments qui se trouvent autour de nous, si on ressoude les liens sociaux entre voisins et l'entraide fraternelle, si on se concentre sur les fabrications locales, artisanales, biologiques et la permaculture, alors nous verrons à quel point cette Terre-Mère est généreuse !

Cessons de constamment critiquer le gouvernement et sa gestion exécrable de notre nation. Abandonnons même l'idée de « nation », de frontières et de division. Retrouvons notre pouvoir personnel, prenons conscience que c'est la population ouvrière qui crée les richesses !

Les patrons ne font que diriger, récolter et s'approprier le fruit du labeur des salariés. Arrêtons de faire appel à eux pour gérer notre travail.

- Tu trouves que le niveau culturel baisse en qualité et devient, jour après jour, de plus en plus médiocre ? En faisant l'éloge des bas-instincts, de la sexualité débridée, du rejet de l'autre, de l'uniformisation, du racisme, de la compétition, de la bêtise, de la méchanceté, de la marchandisation et l'objetisation du corps humain ?

Jette ta télévision et ta radio. Regarde les chaînes d'internet qui correspondent à tes aspirations, à tes valeurs, à tes besoins esthétiques et intellectuels.

Cautionne les films atypiques et authentiques en les visionnant. Fais vivre les écrivains en achetant ou en louant leurs livres. Visite les musées qui exposent des œuvres qui te font vibrer. Écoute de la musique harmonieuse et joyeuse. Offre des cours d'arts, de musique, de danse, de sport, de cirque ou de chant à tes enfants et à tes amis. Bref, finance la culture que tu aimerais voir perdurer.

- Tu n'as plus confiance en la médecine moderne car elle a engendré trop d'erreurs médicales, de mauvais diagnostics, de médicaments dangereux mis sur le marché, d'antibiotiques donnés à tire-larigot ?

Évite au maximum les médecins conventionnels et les remèdes pharmaceutiques. Utilise des produits naturels, des huiles essentielles, des teintures-mères végétales, de l'homéopathie…

Va voir les praticiens de médecine alternative tels que les homéopathes, les ostéopathes, les kinésiologues, la médecine ancestrale chinoise, l'acupuncture, les énergéticiens, les naturopathes.

- Tu détestes la gestion que les banques font de leur argent ? Vente et fabrication d'armes, intérêts mirobolants offerts aux plus fortunés, optimisation fiscale et paradis fiscaux, endettement chronique des plus pauvres en raison des agios démesurés et du crédit à la consommation, dette publique croissante qui a été instaurée en vue de garder une emprise totale sur les États…

Tu hais le fait que les banques contrôlent les gouvernements et par conséquent les pays ?

Arrête de leur confier tes économies. Trouve d'autres moyens pour conserver ton argent. À l'évidence, ce ne sont plus les intérêts qui te feront défaut car bientôt, nous devrons même payer les banques pour qu'elles gardent notre argent !

- Tu trouves aberrant la façon dont le gouvernement dirige ton pays ? Toujours plus de lois liberticides et de précarité pour les travailleurs, les agriculteurs, les chômeurs, les retraités. De moins en moins de budget pour les écoles, les hôpitaux, les transports publics, la culture, les prisons, les aides sociales… Trop de financement pour l'armée et la police. Leur persévérance à ignorer les demandes et les opinions du peuple. Le fait que nos dirigeants revendent aux entreprises privées les propriétés publiques rentables générant énormément de bénéfices tels que les autoroutes, la SNCF, La Poste, EDF, la Française des Jeux et bientôt l'aéroport de Paris…

Alors, cesse de travailler pour enrichir et faire le jeu de cette société inégalitaire. Quitte ton emploi de salarié, évite les autoroutes payantes, gagne moins pour diminuer au maximum tes impôts, crée ton propre travail en écoutant ta passion et tes idées, change de fournisseur d'électricité, arrête de voter, apprends par toi-même, lâche l'obligation de devoir obtenir des diplômes ou des certificats…

Aussi, ne fais pas ces changements-là en pensant être un sauveur ou un héros.
Non. Tu es parfait tel que tu es, tu n'as pas besoin d'endosser un rôle pour légitimer ta place et ta présence sur terre.
Tu agis simplement avec équité envers tout le monde car tu sais que nous sommes UN.

Ainsi, TU TE traites avec amour, respect et en conscience.

Là encore, murmure le mantra « EN PRÉSENCE » ou « MAINTENANT » pour ramener ta conscience sur l'ici et le maintenant. Évacue tes pensées angoissées concernant le futur.

Pose ton attention sur les informations que tes sens t'apportent dans l'instant.

Ressens le contact de tes vêtements sur ta peau, la sensation du soleil sur ton visage, du vent qui souffle sur tes cheveux, de ta langue qui pousse ton palais, de tes pieds posés sur le carrelage, de ta main qui tient un verre d'eau, de tes yeux qui observent le ciel, de tes oreilles qui entendent au loin le camion de chantier qui ronronne, du goût de la pomme que tu viens de croquer…

Tes cinq sens sont une fenêtre ouverte sur l'instant présent !

Il est inutile d'imaginer ce qui se passe en dehors de cette « réalité sensorielle ».

Ta colère, ta peur ou ta tristesse peuvent s'apaiser rapidement dès que tu portes ton attention sur tes ressentis physiques plutôt que sur tes pensées anxiogènes.

Les émotions sont des informations. Il n'y a pas à les estimer « positives » ou « négatives ».

Elles ne sont ni désagréables, ni agréables, elles passent juste par toi, à un instant donné.

Elles te délivrent un message qui t'informe sur le comportement à adopter au moment où tu les reçois (partir ou rester, s'exprimer ou se taire, accueillir l'émotion ou la repousser…).

Elles t'informent aussi sur ton ressenti, sur tes peurs.

Aime-toi et accueille-toi tel que tu es maintenant.

Ne lutte pas pour échapper à cette confrontation avec la souffrance ou la peur. Vois-la en face. Simplement. Naturellement. Aime-la. Aime-toi.

Libération de ton besoin d'organiser, gérer, préparer, prévoir, assurer, assumer ou craindre ton futur. Libération des pensées lourdes qui encombrent ton esprit. Apprends à voir à travers elles, à les rendre transparentes et inconsistantes. TU ES TOUT.

ÉTAPE 11

Deviens végétalien.

Tu peux maintenant éliminer toute alimentation industrielle et non naturelle.

Laisse les œufs aux poules, laisse le lait aux veaux, aux chevreaux ou aux agneaux.

Laisse le miel aux abeilles.

Croque dans un fruit frais, mange des légumes crus ou cuits délicatement épicés ou marinés aux fines herbes et à l'huile d'olive.

L'huile végétale de première pression à froid est excellente pour la santé, contrairement à ce que les médias nous en disent… Tandis que le sucre est à éviter autant que possible.

Tu n'as plus besoin de combler tes manques, tes frustrations, tes peurs avec des aliments.

Tu n'as plus besoin de te « remplir » de nourriture.

Tu n'as plus besoin de rien, ni de personne car tu es TOUT.

Comprends que tu mangeais surtout pour apaiser tes angoisses, pour « mordre » ta douleur et ravaler ta colère.

Réalise toi-même les plats et desserts que tu as envie de manger. Cuisine-les en conscience.

Ne laisse pas courir tes pensées vers autre chose lorsque tu cuisines.

Quand tu pèles une carotte, ressens cette action, vis-la intensément. Remercie cette carotte !

Quand tu mélanges une sauce, observe les sensations et odeurs qui t'enveloppent. Remercie ces ingrédients !

Quand tu pétris une miche de pain, prends pleinement conscience de la résistance de la pâte, de sa consistance, de l'effort effectué par tes bras. Remercie ce pain !
Aime et remercie TOUT.

Les hommes mangent de la viande et des laitages depuis la nuit des temps…
Soit. Mais le chemin que l'humanité est en train d'emprunter aujourd'hui, va l'emmener au-delà de ces pratiques archaïques.
Ta version divine qui s'en vient, sera à des années-lumière de tes ancêtres préhistoriques.
Maintenant, le changement se fait en modifiant aussi ton alimentation pour la rendre plus légère, plus digeste. Pour lui donner moins de place dans ton quotidien.

Informe-toi en suivant ton intuition. Comprends que tu n'es pas uniquement ce corps de chair déambulant dans un monde en trois dimensions. Non, tu es infiniment plus que cela…

Tu possèdes de nombreux autres corps visible et invisibles à l'œil nu, notamment :
Le corps physique, le corps éthérique, le corps émotionnel, le corps mental, le corps causal et le corps christique (ou bouddhique). C'est ce dernier que tu vas incarner chaque jour un peu plus. Car seul celui-ci est intemporel, immuable et immortel.
Lorsque le corps physique, le corps émotionnel et le corps mental (tes trois corps les plus denses) seront parfaitement « alignés », c'est-à-dire qu'ils seront en accord et agiront au même diapason, alors ton corps d'Homo Deus pourra se manifester dans la matière.

Comme l'humain possède différents corps visible et invisibles, il en va de même pour les animaux, les végétaux et même les minéraux.

La majeure partie des animaux ne possède pas de corps mental (ce corps permet l'existence de l'ego et la conscience de son individualité).

Tandis que les végétaux et les minéraux n'ont ni un corps mental ni un corps émotionnel (ce corps contient les différentes émotions qui nous traversent).

Pour autant, « *Un corps qui se développe, évolue, engendre, est vivant. Et toute vie découle d'une conscience.* » explique Alyna Rouelle, auteure du livre « La nutrition de la liberté ».

Cette vérité s'applique pour les humains, les animaux, les insectes, les végétaux, les cellules microscopiques, etc.

Alors, aime la pomme que tu t'apprêtes à mordre, aime les pâtes qui sont dans ton assiette, aime la tomate garnie de basilic.

Et remercie, à haute voix ou mentalement, chaque repas, chaque aliment, avant de le déguster.

Autrefois, on appelait ce rituel « une bénédiction » ou « les grâces ». Nos ancêtres avaient raison. Retrouvons le caractère sacré des choses car nous avons dénaturé, désacralisé ce qui nous entoure au quotidien.

Sache que tu es une énergie magnifique, une pure lumière vibrante qui s'est incarnée sur cette planète dans le but de transcender l'illusion d'être une faible créature victime d'éléments extérieurs à lui-même.

En vérité, il n'y a pas d'extérieur à toi-même puisque tu es TOUT.

Tu es l'intérieur ET l'extérieur. Tu es le créateur ET la créature.

**Libération de ton besoin de manger des
aliments riches et lourds à digérer.
Libération de ton besoin de manger des aliments
issus d'autres êtres vivants et sensibles.
TU ES TOUT.**

ÉTAPE 12

Tu bois de l'eau, de l'eau et encore de l'eau.

S'il existe un point commun à l'ensemble des éléments de cet univers, c'est qu'ils sont tous constitués d'au moins une molécule d'eau.

Aussi incroyable que cela puisse paraître, la présence d'eau a été repérée sur le soleil !
Celle-ci ne persiste que quelques secondes mais elle se reforme constamment à d'autres endroits de l'astre solaire.

Le corps d'un humain est constitué à 65% d'eau. Celui d'un embryon de trois jours est fait de 95% d'eau !
Nous sommes comme de l'eau densifiée…
L'eau symbolise la vie.

Notre société aimerait nous faire croire que boire de l'eau est banal, anodin, voire ennuyeux.
Les médias promeuvent les boissons sucrées, pétillantes, gazeuses, lactées et alcoolisées… Pourtant, aucune d'elles n'atteint la perfection d'une goutte d'eau.
Notre corps aspire à s'abreuver de cette eau limpide.

Ce n'est certainement pas un hasard si cet élément se retrouve au centre de nombreuses religions !
L'eau lave des péchés, l'eau purifie le corps et l'esprit, l'eau sert aux ablutions, l'eau est bénie, l'eau sert à baptiser. Bref, l'eau est sacrée.
La pluie, la mer, les rivières et les lacs sont honorés, remerciés, fêtés.

L'eau te nettoie de l'intérieur. Telle une vague, l'eau diffuse une onde bienfaisante dans ton organisme.

Elle a même un effet bénéfique sur tes émotions.
Quand tu es en proie à une grande colère, bois un verre d'eau puis observe l'harmonie qui revient alors en toi.
Quand tu es fatigué, bois de l'eau.
Quand tu es déprimé, bois de l'eau.
Quand tu angoisses à propos du futur, bois de l'eau et répète le mantra « *En présence* ». Très vite, tes corps mental, émotionnel et physique retrouveront leur quiétude.
L'eau ramène ton attention sur le moment présent.
L'eau qui t'hydrate et l'air que tu respires en conscience, te rappelleront qu'il n'y a qu'une seule réalité : celle que tu es en train de vivre MAINTENANT.

Aime cette perfection qu'est l'eau. Bénis-la et remercie-la chaque jour.
L'eau coule en toi, l'eau vit en toi, l'eau te traverse de haut en bas.
L'eau, c'est toi. L'eau, c'est Tout.

Pose tes mains au-dessus de l'eau que tu t'apprêtes à boire et énergétise-la avec ton « pouvoir » d'intention. Confère-lui une qualité qui te serait utile dans l'immédiat.
Par exemple « Calme » ou « Abondance ».
L'eau intègre les informations que tu lui donnes.
Cette substance méconnue recèle de nombreux secrets et quantité de mystères qui dépassent notre imagination !

Au cours des quarante étapes qui te mèneront à l'Homo Deus, tu iras au-delà de tout chemin, au-dessus du connu, par-delà cet univers de matière limitée…

Tu prendras conscience que tu es TOUT ! Ton personnage égotique fusionnera avec ce que tu es véritablement. Or l'eau est une passerelle pour t'y mener en douceur.

Bois chaque gorgée en conscience. Ressens cette cascade de fraîcheur qui traverse ton corps.

Quand ta gorge/ta bouche te semble sèche, c'est le signal que ton corps t'envoie pour te signifier qu'il a besoin de s'hydrater.

Alors, ne le fais pas attendre : bois de l'eau.

Renseigne-toi sur le travail de Masaru Emoto.

Masaru a réalisé des expériences démontrant que les pensées (positives, neutres ou négatives) pouvaient concrètement influencer l'eau.

L'eau est une substance incroyable dont trop de personnes ignorent encore les nombreuses capacités.

Tu peux « informer » l'eau de ton verre pour « réveiller » sa capacité à guérir ceci, à apaiser cela ou à renforcer tel organe.

L'eau possède une « mémoire ».

Rappelle-toi aussi que, l'eau, c'est toi puisque tu es tout…

Au-delà du voile de l'illusion, prends conscience que tu fais partie du TOUT car seul existe le TOUT, l'UN.

Libération et purification de ton esprit,
de ton mental, de tes émotions et de ton corps
par le pouvoir nettoyant et régénérant de l'eau.
TU ES TOUT.

ÉTAPE 13

Vis et agis dans le PRÉSENT !

Seul compte l'instant présent.
Oublie le passé, le passé est déjà passé.
Ne pense pas au futur, le futur est à venir.
Vis le présent intensément.

Dès qu'une pensée te traverse l'esprit, observe-la avec calme et pose-toi cette question :
    « Est-ce que cette pensée concerne mon présent ? »
Si oui, fais maintenant ce qu'elle te propose.
Si non, laisse-la passer car elle est inutile actuellement.

Par exemple, tu as soudain envie de téléphoner à ton frère.
Question à te poser :
    « Est-ce que je peux réaliser
    cette action ici et maintenant ? »

- **Si oui, fais-le**. Ne réfléchis pas si c'est le bon ou le mauvais jour, si tu préfères d'abord lire dans le canapé ou finir ce film… Fais maintenant ce que ton idée te propose.
Et ainsi, libère-toi de cette pensée qui, sinon, reviendra sans cesse, jusqu'à ce qu'elle soit exécutée.
- **Si non**, il t'est impossible de l'appeler maintenant (car il est minuit, car tu es en train de conduire ta voiture…), alors laisse aller cette idée. Elle ne concerne pas ton présent, elle n'est pas d'actualité.
Ne te laisse pas parasiter par elle.

Lâche-la pour alléger le fil de tes pensées. Cela permettra à une nouvelle idée de germer. Or cette dernière sera peut-être plus à propos, plus parfaite pour la situation que tu vis à cet instant.

Sois EN PRÉSENCE à ce que tu vis.
Pose ton attention sur ce que tu fais, tu es dans l'instant.
Cet instant est ta seule réalité ! Alors, vis-le à fond.
Par contre, détache-toi de la notion de présent par rapport à une temporalité.
Tu n'es pas dans un « présent » par rapport à un passé ou à un futur. Non. Sinon ce « présent » resterait un point sur une ligne temporelle avec un avant et un après. Cela induirait donc une limite.
Mais tu es TOUT ! Tu es un « aspect » incarné de la Conscience Universelle et elle n'a ni début ni fin. Tu es TOUJOURS dans cet éternel présent, tu n'en as juste pas conscience.

En présence, tu vois enfin avec les yeux du cœur : partout où se pose ton regard, c'est l'Amour qui apparaît.
Que ce soit un adorable chaton ou un loup féroce, que ce soit un papillon ou un scorpion venimeux, ils sont tous identiques et parfaits à tes yeux.
Que ce soit le pire criminel de l'humanité ou Mère Teresa, tu les regardes avec amour et tu accueilles leur présence sur cette terre.
Car tu sais au plus profond de toi que chacun à un rôle à jouer dans cette comédie qu'est la vie. Que la majorité des gens ont oublié qu'ils sont issus du Grand Tout.
Qu'ils sont les parts d'ombre que tu refuses de voir en toi.

Qu'ils sont aussi là pour t'obliger à quitter ta zone de confort, pour te pousser à faire le grand plongeon vers ta divinité.

Tu leur dis « MERCI ». Tu les aimes comme tu t'aimes, avec tes défauts et tes imperfections.

Sois en pleine conscience de ton corps, de ton ressenti du moment.

Accueille l'instant présent, il se manifeste sans cesse. Délecte-toi de ce présent presque consistant. Reçois l'idée qui passe à travers ton esprit et matérialise-la dans l'instant quand cela est possible. Sinon, laisse-la poursuivre sa route sans y accorder d'attention.

« EN PRÉSENCE », c'est LA CLÉ du bonheur intérieur. Le rire et le chant représentent deux autres clés. Elles te permettent, en toutes circonstances, de dépasser tes peurs et de dissiper une atmosphère anxiogène qui peut être pesante.

L'univers est régi par de nombreuses lois physiques telle que celle de la gravitation, par exemple.

Cependant, il existe une loi méconnue dénommée la loi d'Attraction qui est d'une importance capitale. Cette dernière pourrait d'ailleurs être le prolongement de la loi de la gravitation.

Le livre « *Le secret* » de Rhonda Byrne la décrit en détail afin de mieux comprendre les mécanismes subtils de ta vie.

Grâce à la loi d'Attraction, rien ne t'arrive par hasard. Tout est toujours un retour manifesté de ce que tu as pensé, dit ou fait.

Ainsi, tes croyances définissent et façonnent ta vie !
Il est donc crucial de connaître cette loi afin d'ajuster tes comportements et tes habitudes. Cela amènera des changements dans ton quotidien.

Libération de ton besoin de te rattacher au passé
ou au futur. Simplification à l'extrême de
ton système de référencement en restant
constamment conscient du moment présent.
TU ES TOUT.

ÉTAPE 14

Le libre-arbitre est une illusion.

Premièrement, crois-tu être le capitaine aux commandes de ta vie ?

Crois-tu être maître de tes choix ?

Rien n'est moins sûr…

Observe tes paroles et tes actions : elles sont la suite logique de tes pensées.

Or tes pensées jaillissent spontanément !

Un flot continu de pensées apparaît de ton esprit sans que tu ne puisses en déceler l'origine.

Tu es incapable de les arrêter ou de les empêcher de t'envahir la tête. Tout au plus, en étant attentif, réussiras-tu à initier un nouveau sujet de réflexion…

Toutefois, ce monologue ininterrompu finira à nouveau par t'emporter dans son sillage sans que tu ne puisses le contrôler.

Oui, tu peux avoir prise sur tes pensées une fois qu'elles sont déjà là. Ainsi, tu peux t'accrocher à celles qui te plaisent ou laisser aller celles qui te dérangent.

Mis à part certaines exceptions, ce n'est pas toi qui décides des prochaines pensées qui te traverseront l'esprit !

Or « tes » pensées sont à l'origine de tes actes, de tes choix et de ta « personnalité ».

Le fait que tu te croies être le seul à diriger ta vie est donc une illusion. Eh oui, une de plus !

Secondement, le libre-arbitre est aussi un leurre car tu es constamment manipulé à ton insu…

La société, les médias, l'éducation culturelle, familiale et scolaire t'influencent dans tes choix. Donc tu n'es pas réellement maître de tes décisions.

Si tu te maries, est-ce parce que la vie maritale et cette cérémonie te font vibrer intérieurement ou est-ce parce que tes parents sont mariés, tes amis sont mariés, les personnages dans les films le sont aussi et tout dans les sociétés modernes et anciennes te pousse à le faire ?

Tu n'agirais pas de la même manière si tu étais originaire d'Afrique ou de Chine. Pourtant, tu serais la même personne et tu aurais le même ego.

Alors, qu'est-ce qui définit ta personnalité, ton caractère ?

Manges-tu de la viande parce que ton corps et ta conscience l'ont vraiment décidé ? Ou est-ce ton éducation, ton entourage, les commerces, les pubs, les films, les livres et les médias qui te poussent à en consommer ?

Avant la « mode » du végétarisme, tu ne t'étais sans doute jamais posé la question. Cet acte te paraissait être une évidence. Pour autant, était-ce ta propre décision ?

Et si, dès aujourd'hui, tu remettais TOUT en question dans ton existence ?

Travailler, mettre ton argent à la banque, avoir une carte bancaire, être monogame, porter des chaussures, s'habiller, quand et quoi manger…

Tu pourrais passer les moindres détails de ton mode de vie à travers le filtre de ta conscience attentive ?

Scrute en détail chacun des domaines de ton quotidien et trouve ce qui te correspond vraiment.

Là enfin, tu pourras commencer à ressentir un début de réel libre-arbitre.

Observe tes pensées. Peux-tu remonter jusqu'à la source d'où elles proviennent ?
Comment ce fil continu de pensées se forme-t-il ? D'où sort-il ?
Es-tu à l'origine des pensées qui te traversent l'esprit ?
Non. Elles t'arrivent de nulle part et repartent vers nulle part.
Tu leur accordes ton intérêt le temps qu'elles te traversent…
Tu peux aussi porter ton attention sur le « vide » qui passe furtivement entre deux pensées. Plutôt que d'être attentif aux pensées en elles-mêmes.

Et si tu lâchais ce fil ininterrompu ?
Et si ce fil ne t'appartenait pas réellement, mais que tu le « captais » comme un émetteur capte une onde plutôt qu'une autre ?
Observe de loin ces pensées-là. Ne te les approprie pas. Elles sont là pour ceux et celles qui souhaitent les assimiler en les faisant « leurs ». Mais, toi, tu t'éloignes de cette illusion.
Tu évolues entre tous ces « fils de pensées », ces ondes qui te côtoient.
Elles ne te concernent déjà plus. Tu n'es plus un récepteur de « radio ». Tu es.

Libération de ta culpabilité concernant tes faits
et gestes déjà réalisés car tu prends conscience que
tout est parfait, tout a une utilité, même si
la raison dépasse l'entendement de ton mental.
Tu peux mettre ta vie entre les « mains » de
la Conscience Absolue, de l'Amour, puisque
c'est d'Elle qu'émane le fil de tes pensées !
TU ES TOUT.

ÉTAPE 15

« Unité » ou « Dualité ».

Tu intègres dans cette étape **la différence entre « Unité » et « Dualité »**.
Ceci est la base de l'Éveil.

Tu vis dans un monde d'apparente dualité : pour chaque chose, il existe son opposé.
Blanc/Noir, Petit/Grand, Gentil/Méchant, Jeune/Vieux, Haut/Bas, Moi/Les autres, Femme/Homme, Yin/Yang…
Or l'Homo Deus se révélera quand tu auras pleinement conscience que tu es UN.
Il te faudra assimiler jusque dans tes cellules que ce monde de dualité est une pièce de théâtre où tu expérimentes ce que tu n'es pas : la dualité. Puisque TOUT, c'est toi.
Comme si un milliard de cheveux se faisaient la guerre alors qu'ils appartiennent à la même chevelure, au même corps !
Tout ce qui existe est issu d'une seule et même origine/énergie. Celle-ci se découvre par le biais d'une multitude de facettes.

Ce monde d'illusion pourrait être symbolisé par un théâtre où des acteurs, dès qu'ils montent sur scène, jouent, déclament, récitent, interprètent leurs textes et leurs rôles.
Ainsi, l'un va être le père de l'autre. Un autre va aimer untel et haïr unetelle. Un troisième va être le méchant qui tue le gentil. Puis ils pleurent ce décès et l'assassin regrettent déjà son geste ou pas.

Mais qu'importe l'histoire, quand le rideau rouge se baisse à la fin de la pièce, les acteurs reviennent saluer leur public en se tenant la main, vivants, soudés et heureux d'avoir ressenti cette abondance d'émotions, d'amour, de peur et de tristesse.

Ils sont remplis de cette riche expérience qu'ils ont pu vivre en leur chair.

Le public, lui-même, remercie chaleureusement les acteurs qui ont si bien su lui faire comprendre la nature de leurs sentiments, la grandeur de leurs espoirs, la misère de leur colère !

Côte à côte, les comédiens de la troupe sont réunis dans un amour fraternel.

Voilà ce qu'est la vie : une tragi-comédie interprétée par des acteurs (nous) qui y croyons dur comme fer. Nous nous confondons avec ce rôle qui est pourtant aux antipodes de notre véritable nature.

Et dès qu'une pièce est achevée, une autre se prépare…

Dans un cycle sans fin, les acteurs se remettent à jouer de nouveaux rôles, de nouvelles existences. Et ainsi de suite depuis l'aube de l'humanité.

Comment sortir de ce cercle infernal ?

Comment cesser cette pièce qui va de mal en pis ? En se rappelant et en intégrant que tous les acteurs sont une seule et même entité. Une énergie unique, parfaite et immuable.

Dès que les « acteurs » cesseront d'interpréter leur rôle, la pièce s'arrêtera d'elle-même et le rideau rouge tombera !

En vérité, il n'y a ni spectateur, ni acteur, ni théâtre. Juste une puissante vibration d'Amour qui crée les illusions nécessaires pour prendre conscience d'elle-même.

Par cette amnésie collective, qui est la règle sur cette planète, nous avons basculé dans la croyance totale que nous sommes uniquement les personnages qu'on interprète…

Jusqu'à présent, tu changeais régulièrement de rôles mais tu rejouais encore et encore des scénarios identiques, tel un film qui tourne en boucle.

Depuis des éons, tu ne parviens plus à te dissocier de cette personnalité restreinte et à mille lieues de ce que tu es réellement.

Car tu ES. C'est TOUT. TU ES TOUT.

Chaque fois que tu vois quelqu'un, dis-toi « *Je suis lui. Il est moi.* » ou « *Je l'aime. Je m'aime.* »

Chaque fois que tu manges quelque chose, prends conscience que tu « te » manges et que tu « te » nourris.

Cesse d'être dupe de cette illusion de dualité.

Une information qui a changé ma vie est celle de l'existence d'un type de personnalité toxique : Le Pervers Narcissique (PN).

Manifestement, ils sont beaucoup plus nombreux qu'on ne le croit. Et comme ils sont indétectables, voire irréprochables pour leur entourage (même et surtout pour leur victime), personne ne se doute de leur dangerosité.

En revanche, tu peux plus aisément repérer leurs victimes car ces dernières sont soit sous pression, prêtes à frapper et à se fâcher avec n'importe qui, soit elles sont devenues amorphes, éteintes et perpétuellement épuisées.

Ainsi, conscientise qu'il existe une sorte d'individu ne pensant que par et pour eux-mêmes au détriment d'autrui.

À force de manipulation, d'humiliation et de mensonges, ils gardent une proie (ou plusieurs) sous leur emprise durant des années, voire toute leur vie.

Chaque PN rend sa victime dépressive, suicidaire et la coupe progressivement de ses proches afin de préserver son pouvoir sur elle.

Une fois que tu auras appris à repérer les réactions démesurées et la méthode d'emprise de ces individus toxiques, il te sera plus aisé de les fuir. N'essaie jamais de les changer, ils n'en ont ni le désir ni la capacité.

Suite à un traumatisme, ils se sont coupés de leurs parts d'Amour et d'empathie. À présent, ils sont tels des parasites aspirant la joie de vivre de leur proie.

Tu possèdes peut-être un parent PN, un frère PN, un conjoint PN, un patron PN ou même un enfant PN. Il est impératif que tu repères la présence de ces PN car cela te permettra de récupérer ton pouvoir personnel et de conserver ta vitalité.

Il est inutile de leur consacrer du temps ou de l'attention car ils ne seront JAMAIS rassasiés. De plus, ils te videront de toute motivation et amour-propre.

Il s'agit de les voir tels qu'ils sont réellement afin de les laisser gérer leur vie seuls sans plus nuire à la tienne.

Par exemple, si ton père est un PN, tu peux toujours lui rendre visite mais tu ne lui confieras pas tes états d'âme et tu ne seras plus atteint par ses remarques cinglantes à ton sujet ni ses plaintes perpétuelles. Tu auras intégré que le problème vient de lui, non de toi.

Tu n'essaieras plus de le changer. Tu l'aimeras tel qu'il est, en gardant tes distances.

Surtout, tu te préserveras de ses tentatives de manipulation et de chantage affectif.

L'humanité est en train de prendre conscience de ces ersatz d'humains qui la manipule et l'épuise. Grâce à cette nouvelle connaissance, les gens parviendront de mieux en mieux à repérer les PN et à les éviter.

Privés de leur nécessaire proie pour survivre au quotidien, l'ère des pervers narcissiques est sur le point de s'achever.

Depuis des lustres, ces parasites énergétiques ont tout fait pour nous cacher notre essence sacrée et la connaissance de qui nous sommes réellement.

Enfin libérée de leur emprise nocive, l'humanité de demain deviendra la plus belle version d'elle-même. C'est-à-dire, l'Homo Deus.

Libération de ta peur de l'autre.
Libération de ta peur des difficultés de la vie,
de l'injustice et de la victimisation en te
souvenant que tu es l'autre et que tu es la vie.
TU ES TOUT.

ÉTAPE 16

Tu laisses aller tes attentes, tes désirs, tes espoirs.

Tes attentes te donnent toujours l'impression d'être incomplet.
Tes espoirs te font croire que, plus tard, ce sera mieux.
Or non, tout est déjà là. Tout ce dont tu as besoin est ici !

Tu es au milieu d'une ronde sans cesse mouvante, pourquoi essaies-tu de figer un élément de cette totale impermanence ?
Les espoirs génèrent de la souffrance. Soit parce que tu attends quelque chose, soit parce que tu as peur de perdre ce que tu es si heureux de posséder.
Tes actions ne seront pas les mêmes si tu les fais juste par plaisir, sans objectif, sans but à atteindre.
Par exemple, si tu écris un livre dans l'espoir d'être publié par un éditeur prestigieux et d'en faire un best-seller, tu n'écriras pas avec le même lâcher-prise que si tu es uniquement guidé par ta puissante envie de conter une histoire qui t'inspire.
Le résultat final sera très différent !

Sois sans attente et donc sans jugement vis-à-vis de toi-même ou de ton travail.
Écoute tes aspirations sans attendre de récompense et sans vouloir obtenir de l'attention, de l'amour, de la reconnaissance ou de la notoriété.

Repère tes véritables élans. Ces élans spontanés qui te poussent à créer, à concrétiser une action, un projet, à le faire passer de l'état d'idée à l'état de matière.

Décèle en toi, les impulsions libres et sereines, pour les laisser grandir et devenir réalité.

Ne crains plus d'échouer. Le chemin à parcourir importe, non le fait d'arriver à destination.

Oublie les jugements négatifs, les critiques et les dénigrements que tu t'infliges en permanence sans même t'en rendre compte…

Ton mental te rabaisse constamment, il te compare et te dévalorise par rapport aux autres.

Pourquoi accordes-tu autant d'importance à ce mental rébarbatif ?

Agis en ton âme et conscience.

Ne tiens pas compte de ce que ton ego te rabâche.

Éloigne-toi des discours affirmant qu'il faut travailler pour vivre, que le travail n'est plaisant pour personne et qu'il est conseillé de faire comme tout le monde.

Car ces gens te parlent de leurs propres peurs, de leurs propres croyances. Or ils ne sont pas sur le même chemin de développement personnel que toi.

La majorité des humains n'ont pas conscience de ce qu'ils sont réellement.

Ils sont aveuglés par la « matrice » et par ce monde d'illusion. Ils sont encore endormis…

Ils ne sont pas sur la même longueur d'onde que toi.

Ils sont à leur niveau sur la route de leur évolution intérieure. Tu n'as pas à leur faire comprendre ta vision de la vie mais eux non plus n'ont pas à t'imposer la leur.

Chacun son rythme. Chacun sa vérité. Chacun ses blocages et ses croyances limitantes.

Maintenant que tu te diriges vers l'Homo Deus, tu n'as plus à adhérer à leurs valeurs rétrogrades ni à leurs pensées étriquées.

TU ES, donc tu es ILLIMITÉ !

Quelle libération lorsque tu lâches tes attentes !

Enfin, tu peux être heureux « au présent » !

Tu as réussi à être en joie sans aucune raison extérieure à toi ! Wouaouh ! Quelle liberté !

Imagine-toi, ici et maintenant, dans la peau de la personne idéale, de l'humain parfait.

Visualise-toi comme si tu avais TOUT ce dont tu as besoin, que rien ne te manquait.

Ressens la perfection qui englobe ton être.

Ainsi, c'est déjà accompli. Tout est réalisé. Sois toi. SOIS !

Voilà comment tu peux vivre au quotidien.

Sois cet individu qui est en totale harmonie avec lui-même et avec le monde qui l'entoure.

Sois celui qui s'accepte tel qu'il est et s'aime d'un amour inconditionnel.

Repère, entends et suis tes idées, tes envies profondes.

Réalise-les dans la matière.

Vois ta peur de ne pas y arriver. Accueille cette peur. Aime-la. Transcende-la.

Et fais tout de même ce que ton cœur te dicte.

Ne laisse plus ton mental rigide et angoissé diriger ta vie. Il n'a pas à valider ou à réfuter l'idée que tu brûles de concrétiser. Qu'importe si ce projet sera « rentable » ou « viable ».

Fais-le si telle est ton aspiration. Écoute ce « feu intérieur », il sera ton meilleur guide.

Durant la réalisation de tes projets, continue de suivre tes idées, elles te guideront d'une merveilleuse façon.

Il n'y a pas d'échec, uniquement des expériences agréables ou désagréables, mais enrichissantes et nécessaires.

Abandonne l'espoir de concrétiser tes idées selon un plan bien précis. Laisse-toi surprendre par la vie !

D'ailleurs, peut-être ne gagneras-tu pas d'argent grâce à ta passion, néanmoins tu vivras tout de même dans l'abondance car des revenus arriveront par des moyens « indirects » : un héritage, ton conjoint, un mécène, une bourse, un concours, des revenus dus à la location d'un bien, des allocations, ton épargne…

Accueille cet état de fait puis remercie-toi d'expérimenter par ce biais le détachement et l'humilité.

L'abondance peut aussi se manifester en ayant une petite rentrée d'argent mais des dépenses encore plus minimes. Certaines personnes gagnent des fortunes, toutefois elles subissent le manque ou l'endettement car elles dépensent au-dessus de leurs moyens…

Tes idées te permettront même de trouver un logement, un moyen de transport, des meubles, des habits et de la nourriture gratuite ou au rabais ! Grâce aux invendus, aux ventes rapides, aux secondes mains, aux braderies, aux friperies, aux échanges, aux covoiturages, aux colocations, aux « glanages » de fruits dans la nature, aux points JEU (le « Jardin d'Échange Universel » est une monnaie autogérée), aux monnaies locales, aux dons, aux gardiennages, aux abandons sur le trottoir…

Quand tu as foi en lui, l'univers se montre très inventif lorsqu'il s'agit de fournir ce dont tu as besoin. Il aime utiliser les façons détournées et s'éloigner des schémas classiques.

Tout se révèle possible dès que tu laisses parler ton cœur !

Libération de ton attente d'une réalisation ultérieure. Libération de ton attente d'une réponse d'un agent immobilier, d'un courrier, d'une candidature, d'un concours, d'un banquier… Libération de la validation, l'appréciation ou l'affection de quelqu'un d'extérieur à toi. Tout est déjà là. Tout est parfait comme ça. TU ES TOUT.

ÉTAPE 17

Tu lâches toutes tes peurs.

Accueille tes peurs afin de pouvoir définitivement t'en débarrasser et aller de l'avant.

Peur de l'abandon, peur du rejet, peur de la différence, peur de l'humiliation, peur de ne pas être aimé, peur d'être aimé, peur de souffrir, peur de la maladie, peur de la peur, peur de la mort…

Lâche donc tes peurs et sens à quel point cela te rend plus léger !

La peur te ronge de l'intérieur. Elle te mine, elle t'épuise et te vide.

Tu n'as aucune prise sur la vie ni sur les événements. En revanche tu peux gérer le fait d'accueillir sans jugement les choses qui arrivent.

Ni bien, ni mal. Tout est parfait. Tout est une expérience à vivre dans ce corps physique temporaire.

Tu es sur terre pour expérimenter ce que ton essence pure n'est pas en réalité : ta véritable nature n'a ni peur, ni haine en elle. Tu n'es qu'Amour.

En toute parole, en toute pensée, en tout choix, en toute action, **choisis toujours l'Amour et non la peur**.

95% de tes peurs ne se réaliseront jamais !

Elles sont imaginaires et irrationnelles. En revanche, elles te paralysent concrètement jour après jour…

Essaie de te représenter le nombre d'heures que tu as passées à t'inquiéter pour absolument rien !

Et les 5% de peurs fondées sur un réel danger, tu les évites la plupart du temps car tu les as vues venir.

Ou alors, elles n'étaient pas évitables et ta peur n'y a rien changé.

Pour se débarrasser d'une peur, il existe
une solution qui se décline en trois actes :

1- Tu regardes cette peur en face.

Tu cesses de te mentir à toi-même sur l'existence de cette phobie, de cette peur paralysante.

Reconnais sincèrement que tu as peur de cela.

2- Tu l'aimes telle qu'elle est et tu t'aimes tel que tu es.

Tu accueilles cette peur. Tu honores son existence en sachant que tout est parfait et que, bien que tu en ignores les raisons, cette peur a un rôle à jouer dans ton évolution.

Tu acceptes que cette peur existe en toi et tu cesses de lutter contre elle, de la rejeter.

Traite-la comme une information, comme un message envoyé à ton corps et à ton âme.

Si tu reçois une lettre dont le message te semble désagréable, vas-tu cracher sur cette enveloppe, la brûler, la déchirer, l'ignorer, l'insulter ? Non. Cette émotion désagréable est légitime. Tu la vois, tu l'acceptes, tu l'aimes, tu lui permets de te délivrer son message, tu accueilles son message et tu passes à la dernière étape de transmutation de cette peur.

3- Tu agis.

Tu la dépasses avec paix et calme. Ce n'est plus elle qui va dicter ta conduite ni tes choix.

Tu es confiant jusqu'en ton for intérieur. Tu sais que derrière la majorité de tes peurs infondées se cache une marche évolutive de l'escalier qui te mène vers la liberté totale !

Tu entres en action et tu concrétises ce que ta peur t'empêchait de réaliser.

Si cela te semble trop d'un coup, tu peux aussi le faire progressivement, en procédant par étape. Mais le dépassement de cette peur devra passer par l'action qu'elle t'empêchait de faire.

Tu comprendras très vite que, la majeure partie du temps, tes peurs te cachaient de merveilleux cadeaux de la vie !

Exemple : As-tu la phobie de conduire une voiture ?

1- Vois la réalité en face : tu es victime de cette phobie qui t'empêche d'être libre et de partir en voiture où et quand bon te semble.

2- Aime cette peur, ne la refoule plus. Accueille-la comme faisant partie de toi pour l'instant. Écoute-la quand elle vient pénétrer tes pensées.

Parle-lui : « *Oui, chère peur, je te comprends. Tu as raison, conduire un véhicule relève d'une grande responsabilité. Je t'aime. Merci de m'avertir que je ne dois pas réaliser cette action à la légère.* »

3- Tu t'inscris pour suivre des cours à l'auto-école. Tu demandes à un ami/un parent s'il peut t'accompagner pour certains trajets afin de vérifier si tu ne fais pas d'erreur, afin de te rassurer tant que tu ne te sens pas complètement prêt à rouler seul. Tu écoutes ton envie de prendre le volant plutôt que de te laisser conduire par quelqu'un.

Chaque jour, tu travailles en douceur à transcender cette peur.

Ainsi, tu avances, pas après pas, sur le chemin de l'accueil de tes peurs et du dépassement de toi-même, en respectant ton rythme, sans attente de résultat, sans te juger ni te dénigrer.

Chaque fois que tu auras peur, n'évite pas ce sentiment inconfortable. Regarde-la en face !

Tente de trouver la source de ta peur et accueille cette émotion qui n'est pas ton ennemie mais une amie sincère te montrant le point à travailler pour aller mieux.

Vois la raison qui génère cette peur et agis.

Fais ce que ta peur t'empêchait de réaliser, excepté si cette action te met <u>véritablement</u> en danger (par exemple trop te pencher du haut d'un pont, peut être réellement dangereux. En revanche demander une augmentation à ton employeur ne l'est pas).

Garde à l'esprit que « *la peur est une menteuse* » et que « *la peur est une mauvaise conseillère.* »

Analyse les actions que tu as faites ou que tu n'as pas faites à cause d'une peur. Cela mettra en lumière les conseils contre-productifs induits par ta peur, car elle ignore les projets du Grand TOUT.

Ton « corps mental » insuffle à ton « corps émotionnel » de ressentir une peur. Or le savoir du corps mental est restreint, il base sa connaissance uniquement sur ses expériences vécues.

Écoute « ton intuition », cette petite voix confiante, discrète et toujours emplie d'Amour. Car ses messages proviennent de ton âme qui, elle, est connectée à la Conscience omnisciente.

Ton âme sait TOUT sur TOUT. Ses conseils sont autrement plus précieux, pertinents et parfaits !

Si tu obéis à ta peur, tu créeras un monde à son image : angoissant, effrayant, limité et liberticide.

Si tu écoutes les conseils de l'Amour, tu ancreras un monde de joie, d'autonomie et d'abondance.

À partir de maintenant, essaie d'aimer ta peur et de la dépasser : va dire à cette personne que tu l'aimes, va chanter dans un karaoké si tu n'avais jamais osé auparavant, pars un week-end seul, envoie ton manuscrit à un éditeur, inscris-toi au cours de flamenco ou de piano, invite ton père avec qui tu es en froid, dis à ton patron qu'il n'a pas le droit de te traiter avec irrespect…

Ces exemples te faisaient-ils peur ? Pourtant, ils ne représentent aucun danger pour ta vie, bien au contraire.

Voici les automatismes/les réflexes innés que notre corps est conditionné à emprunter dès qu'une peur se manifeste : la fuite, la paralysie ou l'attaque.

Ces trois attitudes sont dans nos gènes depuis la nuit des temps.

Mais tu tends à évoluer de l'Homo Sapiens vers l'Homo Deus, ainsi tu n'as plus besoin de faire appel à ce vieux programme de survie primitive. Il est devenu obsolète pour la nouvelle génération d'êtres divins.

L'heure de la transformation a sonné. La chenille se mue enfin en papillon.

Libération de tes peurs.
Elles apparaissent au fur et à mesure.
Tu les accueilles avec amour, sans jugement.
Elles fusionnent avec toi et s'unissent à toi.
Tes peurs disparaissent les unes après les autres.
Tu te reconnectes à ton état d'individu illimité
maintenant que la peur ne te paralyse plus.
TU ES TOUT.

ÉTAPE 18

Deviens crudivore.

Tu manges l'essentiel.
Tu ne ressens presque plus la faim.
D'ordinaire — à quelques exceptions près — lorsqu'on mange, c'est souvent pour combler un manque, un vide intérieur, une peur qui nous ronge… et non pour répondre à un réel besoin du corps.
Si tu mangeais uniquement lorsque ton estomac criait famine, tu ne consommerais, au maximum, que le tiers de ce que tu avales chaque jour.
Maintenant que tu te détaches de ton ego, tu n'as plus de manque à combler, ni de peur à étouffer. Tu peux donc laisser ton système digestif tranquille et ne le nourrir que lorsqu'un besoin vital se fait vraiment sentir.

Fini les pâtisseries sucrées, les desserts inutiles ou les repas copieux.
Terminé les apéritifs alcoolisés, les crackers salés et autres en-cas qui visent à amoindrir ton stress.
Repère les signaux que ton corps envoie pour t'informer d'un manque d'eau ou d'aliments.
Mange uniquement pour te nourrir.
Si tu as encore un doute, alors vois vers quelle nourriture ton désir te porte…
S'il s'agit d'aliments simples (crus) et naturels, la faim est certainement ton guide. Sinon, ton appétit se révèle être un leurre pour apaiser une tension intérieure.

Sache qu'avec une cuisson dépassant 40°C, les vitamines et autres éléments nutritifs contenus dans le légume ou le fruit sont en partie détruits et donc moins assimilables par ton organisme.

Les ingrédients naturels et sains te prouvent que tu ne manges pas pour calmer une émotion forte.

Car si tu es encore en proie à une fringale irrésistible, c'est que ton mental et tes émotions sont aux commandes de ta vie. Les hauts et les bas de ton corps émotionnel dictent encore ta conduite.

Or rappelle-toi que tu es TOUT. Tu n'es pas juste cet humain. Tu es la Conscience Universelle incarnée, l'Amour qui s'expérimente lui-même.

Tu es tous les protagonistes de cette aventure alors tu peux tous les aimer et les respecter, à commencer par toi-même.

Lâche les envies de gourmandise et de grignotage. Tu n'as besoin de rien.

Prends le chemin de la lumière où tu n'auras bientôt plus besoin de te nourrir puisque tu as conscience que tu évolues dans une illusion. Les autres sont une illusion, au même titre que toi.

Rien n'existe vraiment, ni ce corps, ni ces planètes, ni ces soleils. Tu en es le créateur or tu t'y vois en tant que créature. Tu as créé ce théâtre de la vie pour pouvoir en jouir et grandir dans la conscience de qui tu es par contraste avec ce que tu n'es pas.

Pour cette étape, écoute attentivement les messages et les besoins de ton corps physique.

Si tu as peur de « craquer » en mangeant quelque chose dans le but de calmer tes tensions, médite.

En revanche, ne lutte pas contre toi-même.

Accepte-toi comme tu es. Fais ce à quoi tu aspires, en te laissant libre de rater, de reporter, de recommencer, d'essayer plus tard…

Marche lentement dans la nature, ressource-toi.

Respire l'oxygène en ouvrant la fenêtre ou en sortant t'aérer.

Lève ton visage vers la lumière du soleil et laisse-toi réchauffer par ses rayons nourriciers.

Bois beaucoup d'eau et mange des aliments les plus naturels possible :

La fameuse règle des « **3 V** » est excellente !
Végétal, **V**ivant (cru, frais) et **V**arié.

Fais la cuisine en pleine conscience.

Tu peux méditer en cuisinant !

Méditer est possible à chaque instant de ta vie, lors de chaque corvée aussi.

La préparation d'un repas est un moment aussi précieux que le repas en lui-même.

Il s'agit d'une célébration de la magnificence des aliments que « Mère Nature » t'offre en abondance.

La confection d'un plat est un rituel sacré qui précède un autre rituel de vie : s'alimenter.

Toucher, préparer, « crusiner » les ingrédients, cela équivaut à entrer en communion avec la Conscience

Universelle qui prend forme dans cette courgette, dans ces grains de raisin, dans cette huile onctueuse…

Libération de ton habitude de cuire, rôtir, frire, chauffer, gratiner, brûler les aliments que tu veux ingérer. Simplification de ton mode d'alimentation Et gain de temps pour te centrer sur autre chose. TU ES TOUT.

ÉTAPE 19

Tu es complet.

Le mythe de l'amour passionnel, de l'âme sœur ou de la flamme jumelle est un leurre.
Tu n'as besoin de personne pour devenir la meilleure version de toi-même.
Tu es né complet et tu as toutes les ressources nécessaires déjà en toi.

En ce qui concerne la **sexualité**, comment l'Homo Deus se comporte-t-il dans ce domaine très « humain » pour ne pas dire « animal » ?
Plus tu incarnes ta conscience divine au quotidien, plus le désir sexuel, l'attirance pour une ou plusieurs autres personnes, va progressivement disparaître.

> Tu es éternel, tu n'as pas « besoin » de te
> reproduire pour prolonger « l'espèce ».
> Tu n'es plus d'aucune espèce, TU ES.

Ton ego n'est plus le maître qui dirige ta vie. Par conséquent, tu ne cherches ni à plaire, ni à être désiré.
Ton ego n'est plus là pour vouloir « posséder » une autre personne, une belle femme ou un homme séduisant. Tu es entier, complet. Tu es TOUT.
Il ne t'est plus utile de t'approprier un autre être pour justifier ton pouvoir de séduction, pour légitimer ta « valeur » aux yeux de ton entourage.

Tout comme ton appétit alimentaire va progressivement se tarir, ton « appétit sexuel », lui aussi, n'aura bientôt plus lieu d'être. Il va s'estomper naturellement.

Ton corps vit en totale harmonie, en autarcie même. Il n'a besoin de rien ni de personne pour exister.

Il se nourrit d'Amour pur, de cette énergie d'Amour qui est omniprésente, qui vibre en tout, qui crée cet univers à chaque instant.

Lorsque tu aimes de manière conditionnelle et quand tu désires quelqu'un, inconsciemment tu cherches à combler un vide en toi. Ce vide t'effraie.

Le leurre est de croire que tu parviendras à remplir ton vide intérieur en « consommant » quelque chose d'extérieur à toi.

Il s'agit d'une fausse piste. Apprends à voir ce vide, à l'aimer et ensuite à le combler personnellement.

Ainsi tu scelles à jamais ce trou béant. Tu cesses d'être tributaire des autres et de leurs conditions.

Tu lâches l'espoir d'avoir toujours quelqu'un pour pallier tes manques, quitte à te fourvoyer avec des gens toxiques, négatifs ou méprisants.

Alors seulement peut grandir le véritable Amour. Ce sentiment-là aime pour aimer, il aime sans attente, sans retour, sans condition.

Terminé de supplier l'autre de t'aimer ! Tu récupères le pouvoir de satisfaire tes aspirations, de dépasser tes peurs. Enfin, cela te permet de réellement grandir en conscience.

La sexualité est encore une illusion issue de notre monde en 3D.

Ne lutte pas pour faire « taire » ta libido. Ne te force pas à être abstinent si ton corps en ressent encore le besoin. Mais dirige-toi à ton rythme vers cette voie de la liberté sexuelle.

Vise ta libération définitive des « besoins sexuels », de procréer ou de satisfaire un manque, une peur ou un désir.

Rappelle-toi que l'Homo Deus s'est délesté de toutes contraintes physiques. Il n'est assujetti à rien ni à personne.

Satisfaire un besoin sexuel est contraignant, chronophage, énergivore et égotique. Il représente une énième dépendance à quelqu'un ou à quelque chose.

Une libido non entretenue s'étiole.

Libérée en solo, sans contrainte, sans culpabilité, sans remord, la pulsion sexuelle aura tendance à diminuer chaque jour un peu plus jusqu'à disparaître sans même que tu ne t'en rendes compte.

Bien entendu, en parallèle, éloigne-toi de la télévision et de certains films qui exacerbent les instincts les plus bas et les plus vils.

Dès l'instant où tu n'es plus un individu « précis », une entité séparée du reste, alors tu ne ressens plus la nécessité de former un couple, le célibat ne t'effraie plus.

Tu accueilles la solitude, la vie à deux ou à plusieurs, comme elle se présente, sans jugement.

TOUT EST BIEN. Tout est parfait.

Quand disparaît la personnalité accrochée à ton ego, à tes nom et prénom, alors tu n'es plus constamment en quête de trouver le « grand amour », un compagnon de vie, un colocataire, une « âme sœur » ou une « flamme jumelle »…

Tu t'en fous. Tu ne t'inquiètes plus de rien. Tu es libre.

À mesure que tes peurs et tes besoins disparaissent, alors ta joie innée, permanente et sans cause peut envahir ton être, tous les jours et sans raison ! Ta joie d'être s'épanouit !

Ainsi, tu quittes l'emprise de la dépendance aux besoins illusoires pour vivre un état de grâce sans fin, dans une infinité de présents.

Délivré de cette contrainte physique, tu baigneras bientôt dans une félicité constante.

Dès que tu vois une personne qui t'attire physiquement ou sexuellement, rappelle-toi qu'il s'agit certainement du désir égotique de la « posséder », de te l'approprier…

Or ce désir est fondé sur l'illusion que, seul, tu n'es pas complet.

Fais le calme en toi quand ta libido semble te guider vers un pic à assouvir.

Médite, pose ton attention sur ta respiration lente et régulière, répète le mantra « *En présence* », s'il te semble approprié à ce moment-là.

Ne lutte pas contre ton élan sexuel. Mais accueille cet élan, ce désir.

Oui, tu éprouves ce besoin-là maintenant. Soit. Dois-tu impérativement le satisfaire ?

Sonde-toi pour obtenir la réponse à cette question.

Est-ce grave si tu le laisses aller, si tu n'y prêtes pas attention ?

À toi de trouver ta réponse.

Observe ce désir qui semble te tenailler.

Sois comme l'observateur de ta personne incarnée. Car tu n'es pas cet être.

En outre, la sexualité est tellement méconnue de nos jours… Pourtant elle génère des forces puissantes. Elle dépasse même le cadre des organes génitaux.

Renseigne-toi sur le tantrisme ou sur le tao. Documente-toi sur l'éveil de la Kundalini, sur la méditation orgasmique, la respiration ovarienne et la méditation orbitale…

Peut-être te faudra-t-il d'abord conscientiser ta sexualité de base, puis passer par le déploiement de ta force sexuelle, pour enfin transcender définitivement tous besoins sexuels ? Chacun son parcours, chacun son rythme.

Aime-toi et accepte-toi tel que tu es, peu importe le temps que tu mettras pour atteindre la fin de tes besoins.

Libération de ton besoin d'être en couple.
Libération de ton besoin d'être parent.
Libération de ton besoin d'être l'ami de quelqu'un.
Libération de ton besoin d'être le collègue de quelqu'un.
Libération de ton besoin d'être l'enfant de quelqu'un…
Libération de ton besoin sexuel.
TU ES TOUT.

ÉTAPE 20

**Deviens liquidien.
N'ingère que des jus et des éléments aqueux, liquides,
<u>avec ou sans</u> matières solides en suspension.**

Tu abandonnes maintenant la nourriture solide pour te nourrir exclusivement de jus de fruits, de jus de légumes crus, de bouillon, de soupe, de tisane et d'eau pure.

Cela te permet de monter en vibration.
Cette alimentation fluide, légère, digeste et ultra-vitaminée décuple encore ton énergie physique.
Ta digestion est rapide, elle va à l'essentiel.
Puisque ta conscience s'éveille à sa réalité, ton corps et ses besoins physiologiques s'allègent eux aussi.
Ton corps se purifie. Il ne supporte plus aussi bien la nourriture riche, complexe et compacte.
Il aspire à plus d'harmonie.
Ne te force pas à réussir ni à ancrer définitivement cette étape en te contraignant. Sois dans la fluidité.
Suis tes idées, tes envies. Ne tombe jamais dans l'extrémisme en te faisant violence.
Écoute les besoins de ton corps. Un jour, naturellement, tu auras le désir d'arrêter tel ou tel aliment solide et tu lui préféreras un bouillon de légumes ou un jus de fruits fraîchement pressé.
Aussi, reste toujours ouvert et attentif à tes besoins du moment. Aujourd'hui, peut-être auras-tu envie d'une alimentation 100% liquide et, demain, te laisseras-tu à nouveau tenter par un repas plus consistant ?

Cela ne constitue nullement un « retour en arrière » ou une « défaite ». Non. Suis ta propre évolution, à ton rythme, sans te forcer.

À chacun de s'écouter. Reste dans la souplesse, la joie et l'amour de toi, de ton corps et de TOUT.

Peut-être aussi parviendras-tu à demeurer une saison entière en ne te nourrissant que d'ingrédients aqueux. Puis, l'hiver venu, tu seras à nouveau attiré par des aliments gras et solides.

Écoute-toi. Mange ce que ton âme te propose.

Ce qui est fait dans la contrainte ne durera qu'un temps.

Ce qui est fait dans la fluidité persistera.

Si ton cœur et ton corps en ressentent l'envie, prépare-toi des jus fraîchement pressés, des bouillons de légumes et d'algues (spiruline, chlorelle, klamath, wakamé, haricots de mer, algue nori) ou des soupes mixées ou en julienne.

En guise de transition et pour rassurer ton mental, tu peux aussi utiliser des « superaliments » :

Jus d'herbe, gingembre, ail, baies d'açaï, acérola, caroube, moringa, cacao pur, maca, nopal, poudre de guarana, graine de chanvre…

Les superaliments sont tellement riches en minéraux, en vitamines, en antioxydants et en acides aminés essentiels, qu'une quantité minime suffit.

Offre-toi une centrifugeuse afin de transformer en jus les fruits et légumes frais que la nature met à ta disposition. Ils varieront au fil des saisons.

Écoute chaque jour tes aspirations et ton intuition afin de consommer les aliments qui te conviennent.

Sois en paix et dans l'accueil si tu ne parviens pas à réaliser cette étape dans son intégralité.

Fais-toi confiance et reste dans l'observation de tes besoins pour t'adapter au fur et à mesure.

Depuis le début de ce processus de transformation intérieure, tu te diriges progressivement vers un allégement total de ta nourriture, vers ta liberté alimentaire !

Le résultat final de toute cette démarche sera de devenir pranique en te nourrissant de lumière (voir l'étape 39).

Il y a une énorme différence entre se nourrir de « prana » et jeûner.

Jeûner est un nettoyage interne qui va puiser dans tes ressources et tes réserves.

Jeûner ne peut durer qu'un temps limité, environ un mois maximum (tu remarqueras qu'il s'agit d'une durée bien plus longue que ce que les médias mainstream t'ont dit…).

En revanche, se nourrir de prana est un moyen de s'alimenter comme un autre.

Si tu en ignores l'existence, cela ne veut pas dire que ça n'existe pas.

Se nourrir de prana est une réalité.

De plus en plus d'humains sur cette terre fonctionnent de cette manière au quotidien et ce, depuis de nombreuses années.

Commence déjà par t'informer sur le sujet. Il existe beaucoup de livres traitant de cela (voir la section bibliographie, à la fin de cet ouvrage).

Internet regorge de témoignages de personnes praniques tels que, par exemple, Alyna Rouelle ou Gabriel Lesquoy, qui sont francophones.

Libération de ton habitude de mordre, mâcher, mâchouiller, croquer, écraser, ruminer les aliments que tu ingères. Tu arrives à l'essentiel de la nutrition. TU ES TOUT.

ÉTAPE 21

Tu es sur terre pour évoluer intérieurement.

Tu n'as rien à prouver à quiconque. Ni à tes parents, ni à ta famille, ni à tes amis, ni à ton entourage, ni à ton voisinage, ni à tes enfants, ni à ton patron, ni à ton pays, ni à toi-même.

Tu es.

Tu n'as besoin de rien d'autre qu'être là, ici et maintenant : EN PRÉSENCE.

À l'intérieur de toi, tu es en paix.

Tout est calme et serein en toi.

Tu ne dois rien à personne.

Tu ne dois ni rendre des comptes, ni donner de l'attention ou de l'affection, ni quoi que ce soit à personne. Si tu le fais, ce sera uniquement car cela te tient profondément à cœur, non par obligation.

Ce sera donc un don jovial et spontané émanant de toi, pas une action imposée et faite à contrecœur, en raison d'une pression quelconque.

En ces temps de « crise économique », le travail salarié se fait rare.

Or c'est une bénédiction ! Cela pousse l'humain à se consacrer du temps à lui-même.

Le travail déconnecté des aspirations personnelles est en train de disparaître. Tant mieux, il n'apportait qu'un statut social superficiel, de l'argent et une illusion d'utilité dans ce monde.

Les voiles tombent. La fausse « valeur marchande » d'un être par rapport à ce qu'il fait gagner à la société sera bientôt caduque.

Le temps est venu de travailler sur toi, pour ton propre épanouissement. Car le corps physique dont tu as hérité à la naissance est un outil en lui-même.

Apprends la différence entre tes idées et tes pensées.

Découvre comment tes peurs dictent ta conduite, comment la société moderne t'incite à devenir égoïste, individualiste, apeuré et matérialiste.

Tous ces fonctionnements ne sont pas les tiens mais ils t'ont été inculqués depuis l'enfance par la famille, l'école, les médias, les divertissements et la société…

Ton existence permet la découverte de qui tu es, de ce que tu aimes, de l'alimentation qui te convient le mieux et du mode de vie qui te correspond.

Malgré ce que le gouvernement et ton entourage souhaitent te faire croire, il n'est nécessaire ni de travailler pour un patron stressant, méprisant, infantilisant, voire insultant, ni d'être payé un salaire de misère jusqu'à ta retraite.

Non. Ceci est un mensonge. Cette société te traite comme de la main d'œuvre insignifiante, interchangeable, sous-payée, sans valeur, déshumanisée…

Or, tu es exactement le contraire !

Tu es unique. Tu mérites la considération, le respect, l'abondance et le meilleur au quotidien.

Tu es divin et tu es en train de t'en souvenir !

Mais comment ta divinité pourrait-elle se manifester dans la matière si tes pensées, tes paroles et tes actions reflètent la soumission, la superficialité, le manque ou la pauvreté ?

Travaille sur toi-même. Apaise tes peurs. Augmente ton Amour pour toi, pour les autres, pour les animaux, pour la nature, pour l'Univers entier. Car tout est lié, tout est connecté.

Tu es eux et, par conséquent, ils sont toi.

Au quotidien, choisis la joie. Éloigne-toi de la colère ou de la peur.

Cesse de penser que sans travail, sans conjoint, sans ami ou sans famille, tu n'as aucune valeur.

La valeur de quelque chose est une notion attachée au monde capitaliste et libéral. Ce monde financier traite tout (humain, animal, végétal, minéral, planète) comme une marchandise qui doit être rentable sinon elle finit dans le broyeur (comme les poussins mâles qui ne sont pas « utiles » pour devenir des poules pondeuses).

Non. La vie des êtres ne se résume pas à une valeur financière, ni à une quelconque utilité.

Tu es là pour grandir en conscience, pour devenir la version la plus resplendissante de toi-même. Ainsi, en progressant toujours vers plus d'amour et de confiance, tu montres l'exemple à tes semblables et tu diffuses toujours plus d'amour et de joie sur la Terre.

Voilà qui est précieux. Voilà qui est vital. Voilà qui est essentiel.

Régulièrement, réserve-toi un jour complet ! Un jour où tu n'auras rien de prévu. Aucun divertissement : pas de film ni de jeu vidéo ni de rendez-vous.

Une journée où tu te lèves naturellement, sans réveil. Où tu t'étires et où tu écoutes la moindre de tes idées. Un smoothie comme petit déjeuner, par exemple. Lire ce livre-là, flâner dans la rue, t'allonger sur la pelouse du jardin, écouter cet album, écrire quelques lignes dans ton journal intime.

Une journée où tu prends conscience de ton corps en le massant, en brossant tes cheveux…

Tu peux méditer, faire du tai-chi, du Qi gong, de la gymnastique ou du yoga.

Tu peux observer le ciel, la nature, les oiseaux qui chantent, les badauds qui passent.

Une journée où tu poses ton attention sur ta respiration, au calme ou avec un fond musical qui invite à la contemplation.

Ne fais rien de rentable, rien d'utile, rien d'important ! Sois juste toi.

Aime-toi. Aime la douceur de cette journée et le parfum des fleurs.

Inspire de longues bouffées d'oxygène et expire l'Amour.

Cet exercice te fera prendre conscience que TU ES, que tu n'as pas besoin de « faire » quelque chose pour être heureux. Sois comme l'enfant innocent qui joue sans se soucier du lendemain ou du bien-fondé de son activité.

Ainsi, tu découvriras vers quelles envies, ton aspiration te dirigera naturellement. Et ces envies seront, peut-être, ce que tu aimerais faire au quotidien.

Tu poursuivras tes créations dans cette direction, sans attente de résultat, sans jugement du mental. Juste en étant pleinement à ce que tu fais. Pour l'amour de ce que tu fais. Sans concession.

Vincent van Gogh, n'écoutant que son âme et sa passion, a peint d'innombrables toiles durant sa courte vie.

Le succès n'étant pas au rendez-vous, il a vécu dans une grande pauvreté jusqu'à sa mort.

Il n'aura vendu qu'une seule toile de son vivant !

Pourtant, de nos jours, son travail est exposé dans des musées prestigieux.

Il fait partie des artistes les mieux cotés de l'histoire de la peinture…

En conclusion, Vincent (et tant d'autres) est un modèle à suivre. Car il a obéi à l'appel de son cœur et non à la sécurité financière ni au diktat de la société de son époque. Sans cette volonté à toute épreuve, aujourd'hui, nous n'aurions pas le bonheur de pouvoir admirer ses peintures fascinantes.

Que l'on réussisse ou non à vivre de ses talents, l'important est de décider d'y consacrer son temps.

**Libération de ton besoin de justifier
ta présence dans cette société.
Libération de ton besoin d'argumenter
le choix du programme de tes journées.
TU ES TOUT.**

ÉTAPE 22

Tu es immortel.

Tu es sur terre pour expérimenter ce que ton essence pure n'est pas en réalité : **Tu n'es pas mortel.**

Tu es immortel. Sans début ni fin. Tu n'es jamais né, par conséquent, tu n'es jamais mort.
Mais dans ce monde d'illusions, tu expérimentes de multiples vies sur de multiples planètes, dont cette vie-ci, sur cette planète-ci, dans ce corps-là.

Louis Pauwels dans « Blumroch l'admirable » :
« *La chenille qui interroge son futur s'imagine sur-chenille.* »
Super-chenille et non papillon…
Il en est de même pour l'être humain !
Notre évolution est toujours en cours, nous ne sommes pas encore arrivés à la quintessence de ce que l'humanité peut devenir. Nous sommes chenilles et nous deviendrons papillons.
Le papillon étant l'équivalent de l'Homo Deus par rapport à la chenille/Homo Sapiens que nous sommes aujourd'hui.
Chaque chenille possède en elle le bagage génétique pour devenir un papillon. Même si la chenille l'ignore totalement, c'est un fait.

Renseigne-toi sur la multitude de témoignages d'individus du monde entier qui ont vécu une NDE (« *Near Death Experience* »). Ils ont été cliniquement morts durant plusieurs secondes ou minutes, puis ils sont revenus à la vie. Par la suite, ils racontent ce qu'ils ont vu de l'au-delà.

Si tu le souhaites, documente-toi sur leurs explications, leurs récits.

Leur esprit était lucide et conscient, malgré la mort de leur corps physique (et donc de leur cerveau).

Peut-être as-tu, toi aussi, personnellement vécu cette expérience ? Tu n'as alors plus le moindre doute quant à l'existence d'une « vie » après la mort. Tu es même définitivement rassuré car tu as pu ressentir une plénitude absolue dans cette lumière semblable à « *mille soleils qui ne te brûlent pas* » et dont la sensation était tel un bain d'Amour Pur et Inconditionnel !

Lorsque notre âme décide de s'incarner sur cette planète, elle accepte le « pacte de l'oubli ».

La Conscience Universelle devient une multitude d'âmes qui s'individualise le temps d'une incarnation. Pour ce faire, elle efface de sa mémoire ce qu'elle sait, ce qu'elle a déjà expérimenté, pour pouvoir vivre une existence terrestre et avoir le privilège inouï de « re-découvrir » qui elle est réellement lors d'un processus qui se nomme, entre autres, l'Éveil.

Ne crains plus la mort physique car tu l'as déjà vécue un milliard de fois !

Or te voilà encore en train d'expérimenter la vie terrestre avec un nouveau corps de matière. C'est donc que tu t'en es parfaitement sorti à chaque fois et que tu t'en sortiras les fois suivantes.

Aie confiance. L'essentiel ne change pas : ton âme (cette goutte issue et incluse dans le Grand Tout) est immuable, elle est intemporelle et éternelle. Tu ne peux mourir car tu n'es jamais né.

Ce monde de matière en trois dimensions te fait miroiter cela afin que tu puisses expérimenter l'Amour sous toutes ses formes et l'incarner encore et encore dans une société où il est si peu valorisé.

Chante quand tu as peur. Chante quand tu souffres !
Le chant a une puissance magique méconnue, il permet de quitter la bulle d'angoisse dans laquelle tu sembles bloqué.

Chante à voix haute ou dans ta tête, mais chante quand tu te rends compte que tes pensées sont engluées dans un marasme négatif.

Chante et souris ! Cela élèvera ton taux vibratoire.
Prépare-toi une « Happy Playlist » avec des chansons qui respirent la joie, le positivisme et la légèreté. De sorte que tu puisses l'écouter dès que l'anxiété ou la tristesse commence à monopoliser ton mental…

Libération de ton besoin de rentabiliser ton temps, d'immortaliser tels ou tels événements importants. Libération de ton besoin de « faire quelque chose » avant de quitter cette terre, de trouver ta voie, de réaliser « ta mission de vie », de laisser une empreinte, laisser un héritage, marquer l'histoire. TU ES TOUT.

ÉTAPE 23

Tu te guéris toi-même.

Si tu tombes malade, soigne-toi avec des méthodes ancestrales, intuitives et naturelles qui ont fait leurs preuves depuis des millénaires. Non avec la chimie moderne qui a autant, voire plus, d'effets secondaires que d'effets bénéfiques.

Exception faite, bien entendu, s'il s'agit d'un cas d'urgence extrême ou si ta vie est en danger dans l'immédiat.

Les moyens préconisés pour se guérir soi-même sont :

1- L'eau informée, dynamisée.

Voir plus d'explications dans l'étape numéro 12 qui explique les pouvoirs méconnus de l'eau.

L'eau possède une « mémoire ». Il te suffit d'informer ton eau en la dynamisant. C'est-à-dire en la faisant tournoyer dans un verre/une bouteille. Tu peux aussi te procurer un « *Vitaliseur d'eau Devajal* », c'est un mini-entonnoir qui crée un vortex en passant d'une bouteille à une autre.

Pour informer l'eau, tu dois penser ou prononcer un mot pendant qu'elle crée un vortex.

Tu peux aussi l'énergétiser avec tes mains entourant le récipient.

Choisis dans ce cas-ci une information/un mot tel que « guérison », « excellente santé » ou « harmonie »...

Enfin, bois cette eau en conscience et dans la gratitude. Bois-la autant de fois que ton envie te le conseillera. Écoute-toi.

2- Le jeûne.

Très différent de l'alimentation pranique (voir plus d'explications dans l'étape numéro 39), le jeûne est un nettoyage naturel du corps.

Ton corps élimine les toxines pendant que le système digestif est au repos puisque ce dernier ne doit rien digérer, rien transformer.

Un jeûne de vingt-quatre heures te sera de toute manière très bénéfique.

Sache qu'avec un bon suivi et une écoute attentive de son corps, un humain peut jeûner jusqu'à une trentaine de jours avant de mourir de faim ! On est loin du fameux maximum : « trois jours sans boire et sept jours sans manger ».

Il est inutile et dangereux d'aller jusqu'à cette extrême limite mais cette information te permettra de dépasser l'angoisse d'une éventuelle mort due à la privation de nourriture.

Petit rappel, pour reprendre une alimentation normale après un jeûne, il est important d'y aller très progressivement.

3- L'amaroli, autrement dit l'urinothérapie ou Shivambu.

Renseigne-toi sur cette méthode qui relève de la médecine ayurvédique.

Cette technique est d'une simplicité déconcertante !

Par la même occasion, tu cesses d'enrichir « Big Pharma » et les lobbys pharmaceutiques.

Tu redonnes la confiance et la priorité à ton corps et tu honores sa perfection et ses infinies capacités.

Tu récupères ton pouvoir, celui de savoir ce qui est bon pour toi, celui de te guérir, celui d'être autonome, celui de ne plus confier ta vie, ton argent, ton pouvoir et ton énergie à des multinationales qui engrangent un profit considérable au mépris de la santé de ses consommateurs.

Si l'utilisation de cette pratique fait sens pour toi, alors intègre-la à ton quotidien.

4- Un lâcher-prise total sur ton état de santé.

Tu accueilles la maladie, « mal-à-dit ». Tu ne luttes pas « contre » elle. Tu l'aimes comme faisant partie du tout, de toi. Tu la remercies d'être là, de t'informer sur toi et tes choix de vie qui ne sont peut-être plus en accord avec ta conscience, d'où un désalignement de « tes corps » physique, mental et émotionnel, ce qui entraîne un déséquilibre énergétique. Cela provoquera une pathologie à court ou à long terme.

Donc, tu n'attends pas de guérison immédiate, ni même de guérison tout court.

Tu vis cette expérience de la maladie et tu ne l'ancres pas non plus en lui donnant trop d'attention. Elle est simplement là.

Tu autorises ton corps à gérer ta santé comme il sait si bien le faire. Tu fais totalement confiance à ton corps physique. Il sait.

Quant à toi, tu médites pour maintenir la paix de ton esprit et de ton mental.

5- La rirothérapie.

Voir plus d'explications dans l'étape numéro 5 qui explique les vertus innombrables du rire.

Tu ris chaque jour, chaque heure, autant que possible.

Tu t'entoures de gens heureux, joyeux et lumineux.

Tu regardes des films comiques et vibrants.

Tu écoutes de la musique entraînante ou relaxante.

Tu souris au soleil, à la pluie. Tu ris dans le vent.

Tu lis des histoires drôles, des blagues, des romans inspirants, des aventures motivantes.

Si ton état de santé te le permet :

Tu assistes à des conférences optimistes et intéressantes.

Tu te rends à des concerts harmonieux ou joyeux.

Tu vas voir du théâtre, des spectacles, de l'art de rue, qui te tirent vers les hauteurs de l'esprit et du rire.

Du « feel-good » à volonté ! Chaque minute, rappelle-toi que la vie est un jeu, une pièce de théâtre comique !

Un sixième moyen pour t'auto-guérir serait : **dormir**.

Le repos est salvateur lorsque ton corps utilise beaucoup d'énergie pour se soigner.

Aussi, contracter une maladie est peut-être simplement le signal envoyé par ton corps pour te forcer à ralentir, voire à faire une pause plus ou moins longue !

Certaines fois, l'on préfère occulter les messages de fatigue et de burn-out émis par notre corps, en espérant qu'il se régule par lui-même, afin de terminer ses objectifs dans le temps imparti…

Garde bien à l'esprit que ton corps est un « outil » précieux. Prends-en soin, comme tu le ferais pour ton habitation ou ta voiture. Sinon, il finira par s'abîmer et te lâcher.

Lors de ta prochaine maladie bénigne ou plus conséquente, ne te rue pas chez un docteur dès les premiers symptômes.

Laisse d'abord ton corps agir par lui-même.

Accepte le fait de te reposer énormément pour aider ton organisme à se soigner. La temporalité de quelqu'un en convalescence n'est pas du tout la même que la temporalité d'une personne en pleine forme. Accueille cette différence et applique, en suivant ton intuition, les cinq conseils de cette étape.

L'homéopathie fonctionne selon le principe de l'eau informée. Depuis des années, de nombreuses personnes ne se soignent qu'avec cette méthode-là et guérissent.

Même si l'on argue du fait que c'est « uniquement parce qu'ils y croient que l'homéopathie fonctionne » et qu'il s'agirait sans doute d'un effet placebo, cela reste quand même valable : la finalité est qu'ils guérissent réellement !

Du fait de leur propre volonté ou de l'homéopathie, qu'importe, ils sont guéris.

D'ailleurs, ce fameux effet placebo est la preuve irréfutable que le corps parvient à s'auto-guérir.

Des recherches scientifiques ont démontré que la plupart des traitements pharmaceutiques ont un pourcentage de réussite à peine supérieur à celui d'un placebo !

En revanche, ils donnent aussi quantité d'effets indésirables…

Libération de ton besoin de remettre ton pouvoir et la décision du soin à effectuer entre les mains d'un tiers. Libération de ton réflexe d'aller consulter un médecin avant même d'interroger ton ressenti, ton corps, ta conscience. TU ES TOUT.

ÉTAPE 24

Crée un monde de vérité.

Le monde du mensonge vit ses dernières heures. Car tu ne le nourriras plus de tes mensonges.

Partout, toujours et en toutes circonstances, **choisis la Vérité** : la dire, la faire, la diffuser chaque jour un peu plus que la veille.

Nous vivons dans un monde de mensonges et de manipulation.

Le bien, le mal, la dualité, l'ego, la séparation, la hiérarchie… Il s'agit de mensonges, d'illusions.

Grâce à tes choix lumineux, la transparence viendra s'incarner sur cette terre.

Jusqu'à présent, la tricherie et la manipulation prédominaient dans ce monde. Les secrets, l'omerta et l'omission contribuaient aussi à le rendre opaque.

Le temps est venu de lever les voiles qui cachent la vérité. Même le mensonge par omission doit être évacué du quotidien.

Parle, dis ce que tu ressens. Explique pourquoi tu fais tel ou tel acte. Ne mens plus, ni à toi-même ni aux autres.

Tu te crois pur, honnête et vrai ? Or, si tu es sincère, tu te rends compte à quel point tu triches, tu manipules, même en douceur, même « pour le bien de l'autre » : pour convaincre ton enfant d'arrêter son jeu et de venir manger quand tu l'as décidé, pour garder ton mari près de toi, pour ne pas être moqué par tes collègues, pour être aimé par tes parents, pour être apprécié par tes amis, par ton entourage, par la société…

Tu joues sans cesse un rôle qui ne reflète pas ta véritable identité par peur du rejet.

Tu caches tes pensées de peur d'être exclu, incompris ou méprisé.

Alors, pour cette nouvelle étape sur le chemin de l'éveil à ta divinité, passe dans le monde de la vérité.

Révèle tes secrets de famille aux personnes concernées. Prends le temps pour le faire, crée un moment propice pour en parler, ralentis ton flot de paroles pour te sonder et pour choisir les termes exacts qui illustreront tes pensées, tes ressentis.

Ose être toi-même. Ose révéler tes pensées sincères.

Dis-le d'une manière calme, posée et réfléchie, en faisant part de ta vision du monde, tout en acceptant que ton interlocuteur puisse ne pas être d'accord.

N'essaie jamais de convaincre les autres. Offre ton point de vue si ton interlocuteur te le demande, mais n'attends rien en retour, ni sa validation, ni son adhésion.

Sois prêt à accueillir sa réaction. Sois prêt à aimer celui qui te rejettera parce que tu ne rentres pas dans les cases qui lui correspondent.

Les gens font leurs propres expériences. Tu n'as ni à les juger, ni à les critiquer, ni à les éduquer. Ils sont responsables de leur vie au même titre que tu l'es de la tienne.

N'en veux à personne d'expérimenter sa vie comme il l'entend. Il s'agit de son expérience et, ce faisant, il t'offre la possibilité d'apprendre à lâcher prise sur ton désir de vouloir aider les autres, de mieux savoir qu'eux, d'avoir mieux compris, d'avoir raison.

Rappelle-toi que tu es au-delà de cet être incarné présentement...

Tu n'es pas uniquement un individu d'os et de chair, tu es tellement plus. Tu es TOUT.

À partir d'aujourd'hui, sois transparent.

Révèle aux gens concernés les secrets qui te rongent et qui t'empêchent d'évoluer dans la joie. Car tout secret t'alourdit, te ralentit dans ton évolution.

Comment être libéré de tout besoin quand on doit en permanence maintenir dans l'ombre une part de soi ou de son passé ?

Agis, car ton action se répercutera sur l'ensemble de l'humanité. Rappelle-toi que nous sommes interconnectés. La noirceur que tu transcendes personnellement, se transforme en lumière au bénéfice de la collectivité.

Sois attentif à cela. Observe que lorsque tu fais un pas en avouant un secret, c'est la société qui, ensuite, franchit le même pas, a le même déclic. Aussi incroyable que ça puisse paraître !

J'ai vécu concrètement ce cas miraculeux. Une amie s'était fait agresser sexuellement par son employeur. Alors que ce n'était un secret pour personne, cette femme n'a jamais porté plainte contre son agresseur qui continua à travailler sans se faire inquiéter. Dix ans, jour pour jour, après son agression, la jeune femme mit fin à sa vie. Il s'agissait de la date exacte de la prescription de son viol.

Ce suicide provoqua une énorme prise de conscience auprès de son entourage. Ceux qui étaient au courant de l'agression, dénoncèrent le patron coupable.

Par son décès, la jeune femme nous a ouvert les yeux sur le fait qu'on ne pouvait pas taire ce genre de comportement, peu importe le statut du violeur.

Un mois plus tard éclatait l'affaire Weinstein qui révélait au monde entier le nom des nombreux agresseurs protégés par leurs hautes fonctions.

Tout est relié, tout est en constante interaction.

Comment dire ce que tu penses réellement sans que ton interlocuteur se sente froissé ou agressé ?

Renseigne-toi sur la Communication Non Violente (**CNV**).

Cette méthode t'explique comment dire ce que tu penses et ce que tu ressens sans que ton interlocuteur ne le prenne pour lui, ni ne se sente accusé, jugé ou dénigré.

La CNV permet d'exprimer clairement tes besoins afin de pouvoir les faire respecter, voire les combler.

Libération de ton besoin de contrôler ta vie
ou celle des autres.
Libération de ton habitude à cacher, mentir ou
manipuler pour obtenir ce que tu désires, puisque tu
ne désires plus rien. Tout est déjà là. Tout est parfait.
TU ES TOUT.

ÉTAPE 25

Tu es sans âge.

Tu n'as pas d'âge.
Ou alors, tu as vraisemblablement l'âge de l'univers !
Car toute la matière qui existe est née au moment du Big Bang.
« *Rien ne se perd, rien ne se crée, tout se transforme* », dixit Lavoisier.

Ta conscience n'a aucune notion du temps. Ton corps physique, oui. Mais l'observateur intérieur que tu es, lui, ne ressent pas le temps qui passe.
Ta conscience est constamment neutre et immuable. Que tu te regardes dans un miroir à trois, à quinze, à trente-cinq ou à quatre-vingts ans, ce sont toujours les mêmes yeux de l'âme qui se perçoivent. Seul le corps de matière a subi l'effet des années passées.
Ton corps est le « véhicule » terrestre reçu dans cette incarnation-ci.
Lors de ta naissance, le voile de l'oubli a effacé de ta mémoire, les innombrables autres existences que tu as vécues, ainsi que celles que tu vivras dans « le futur ».
Car TOUT se passe au Présent, dans l'Instant, dans l'Absolu. TOUT EST.
Nos yeux perçoivent la pierre comme quelque chose de figé et de compact, pourtant elle est constituée de vide et de particules mobiles : les atomes de la roche sont en perpétuel mouvement.

Il est désormais inutile de fêter ton anniversaire, car avoir un an de plus ou de moins n'a plus aucun sens pour toi. L'âge et ce corps physique sont des leurres issus de ce monde d'illusions.

Les fêtes de ce genre renforcent l'ego qui devrait plutôt tendre à disparaître avec le temps…

Si tu souhaites faire une fête avec tes amis, il est inutile de trouver un prétexte autre que ton envie de les voir et de célébrer l'Amour qui brille en chacun de vous.

Il te faut désapprendre ce que tu sais et oublier qui tu crois être pour te détacher de ton ego afin qu'il ne dirige plus ta vie mais qu'il laisse enfin les rênes à ton âme.

Seule ton âme pourra te guider vers le meilleur des mondes.

Détache-toi de ta personnalité, tu te détacheras du même coup de tes souffrances, de ton passé difficile et des peurs liées à ton futur.

Si tu es tout, tu ne crains plus rien. Ta confiance en la vie et sa perfection sera totale. Car rien n'est extérieur à toi. Tu es donc le créateur de ce qui t'arrive, même si tu en es inconscient. Ainsi, tu crées ce qu'il y a de mieux pour évoluer en conscience, pour incarner ta nature divine ici-bas.

Si tu n'es personne en particulier car Conscience Absolue, alors le monde peut continuer son manège, avec ou sans toi. Cela sera parfait dans les deux cas.

Tu n'as donc pas d'âge, pas de nom, pas de prénom, pas d'enfant, pas de parent, pas d'attache, pas de charge, pas de devoir, pas de droit non plus car tu es TOUT.

TOUT fait ce que son âme lui dicte de faire.

TOUT fait parler l'Amour inconditionnel qu'il est.

TOUT voit l'Amour dans tout ce qui l'entoure.

Tu n'as pas de territoire, tu n'es même pas humain.

Il s'agit d'une apparence. Cela fait partie d'un décor, d'une illusion de matière…

La Conscience Universelle a créé cette pièce de théâtre grandeur nature pour qu'elle puisse apprendre à se connaître, à se découvrir, à rencontrer ses différentes facettes, partout et en même temps.

Quand tu te regardes dans un miroir, réalise que le « canal » par lequel tu vois est tel un canal universel ! Prends conscience que TOUT le monde observe par ce même canal.

Chacun voit ce qui l'entoure par ce canal Unique.

Comprends que ta conscience est omniprésente, que les autres vivent leur existence en étant cette même « Conscience Universelle ».

Toi, tu te rends compte de ton expérience terrestre par le biais de ce qui te semble être « ta » conscience, or tous les êtres vivants se rendent aussi compte de leur expérience par ce même biais.

Tu n'as plus d'âge. Car l'âge et le temps sont une illusion et cela, tu l'intègreras chaque jour un peu plus.

Tu n'es pas ce corps qui vieillit. Tu n'es pas cette peau qui se ride. Tu n'es pas cette personne qui croit se rapprocher inéluctablement de sa « mort ».

Prends conscience de cette nouvelle vérité et vois la liberté que cela te confère !

La peur s'estompe, l'ego se dissipe, la susceptibilité aussi.

Tu peux enfin vivre avec plénitude, confiance et lâcher-prise.

Tout est parfait.

La créativité est l'essence de l'enfance. Manifestement, dans notre société moderne, cette créativité ainsi que l'imaginaire sont très vite évincés au profit d'occupations plus « rationnelles et utiles ».

Pourtant, tout au long de notre vie, il faudrait entretenir la créativité issue de notre enfant intérieur afin de demeurer dans la joie et la création au quotidien.

Tel est le secret de l'éternelle jeunesse. L'âge physique n'a aucune importance tant que notre créativité vit et s'épanouit en nous.

Les gens qui espèrent repousser le vieillissement de leur corps en demeurant « jeunes », pensent qu'il suffit d'imiter le mode de vie d'un étudiant : faire la fête, boire, être sans responsabilité, séduire…

Pourtant, ce ne sont pas les habitudes estudiantines qui reflètent le mieux la jeunesse de l'esprit, mais plutôt l'effervescence créative et spontanée d'un enfant de huit ans !

En réalisant toutes sortes de choses (dessins, poèmes, musique, objets, stylisme, DIY (*Do It Yourself*), jardinage, danse, chant, exercices physiques…), tu préserveras l'étincelle de joie et de vie qui grandit en toi chaque jour un peu plus.

Libération de ton besoin de plaire.
Libération du diktat d'être jeune et désirable.
Libération de la peur du temps qui passe,
de la vieillesse et de la mort.
Libération de l'obligation à renier qui tu es
pour t'astreindre à ce qu'il « faudrait être ».
TU ES TOUT.

ÉTAPE 26

L'illusion du couple.

Au-delà du voile de l'oubli et du monde d'illusions, la Conscience Universelle a pris corps ici-bas pour vivre des expériences !

Lorsqu'un individu comprend et intègre concrètement qu'il n'est pas ce corps, mais qu'il est cette conscience illimitée, immuable et éternelle, alors cela s'appelle « L'Éveil ».
L'être qui a vécu ce « retour à la source » ne sera plus jamais comme avant. Il aura vu, personnellement vu, sans l'ombre d'un doute, qu'il est Tout, qu'il crée ce monde à chaque « instant », que nous sommes tous UN donc tous interconnectés.
Il ne doutera plus car il a vécu cette expérience en son âme et conscience, dès lors, il sait.
La conscience qu'il est TOUT ne sera donc plus un acte de foi, mais bien un acte de connaissance.
En vérité, il comprend qu'il n'y a pas réellement de « retour à la source » puisqu'il n'a jamais quitté cette source !
Il y était toujours mais il l'avait temporairement oublié.
L'être « endormi » est hypnotisé par ce monde d'apparences qu'il côtoie depuis sa « naissance » physique.

À propos du couple, une fois que tu as parfaitement intégré le fait que tu es UN, alors tu ne tombes plus dans les leurres de l'amour égotique ni de l'amour passionnel.
Car tu sais que les couples prennent naissance grâce à une hormone qui fait croire que ton partenaire est unique et

irremplaçable. Cette hormone se nomme la **sérotonine** et elle ne dure qu'un temps. Elle laisse ensuite place à une nouvelle sorte de relation. Une relation plus apaisée, plus lucide où la libido est moins présente, où l'on est moins aveuglé par la soi-disant perfection du conjoint. Ses défauts nous apparaissent. Le partage de notre quotidien nous permet d'approfondir nos rapports, notre complicité, sans se laisser bercer d'illusions.

Après la sérotonine, une seconde hormone entre en action, il s'agit de l'**ocytocine**.

Cette dernière n'est pas exclusivement réservée aux couples. Toutes personnes (amis, famille…) qu'on aime et que l'on prend dans ses bras, permet à notre corps de produire de l'ocytocine.

Alors peut vraiment commencer une relation sous le signe de l'Amour Inconditionnel.

Quand on a appris à voir au-delà de l'écran de la matière, on n'est plus dupe de ce jeu de séduction et d'attraction/répulsion, qui relève uniquement de l'organisme biologique, de l'ego et de la personnalité incarnée. Et non de notre nature divine profonde et véritable.

Cela fait partie de la pièce de théâtre que l'on joue ensemble sur la planète.

Le mythe de l'âme sœur ou de la flamme jumelle est un leurre duquel tu te détaches.

Il s'agit ni plus ni moins d'un mirage récalcitrant, d'un espoir utopique qui n'a plus de raison d'être dans un monde où chacun a réveillé le divin qui sommeillait en lui-même.

Homo Deus est TOUT, pourquoi aurait-il besoin d'une autre moitié ?

Tu es parfait tel que tu es, seul ou en couple.

Joue, maintenant ! Fais « comme si » pour attirer à toi cette nouvelle réalité.
Joue à faire comme si tu as vécu l'Éveil. Car la Loi d'Attraction aligne la réalité à ce que tu penses, dis et fais.
Ce qui sera répété au quotidien, prendra racine et s'ancrera progressivement dans la matière.
Amuse-toi… Imagine :
Comment serais-tu si tu avais vécu l'Éveil ?
À partir de cette vingt-sixième étape, entraîne-toi à penser, t'exprimer et agir comme si tu savais — pour l'avoir vécu — que tu es TOUT.

À partir de maintenant, sois Homo Deus !
Deviens à cet instant précis l'être absolu auquel tu aspires.
En tout cas, conduis-toi comme il se conduirait.
Pour savoir comment cet être divin se conduirait, interroge-toi :
« Comment agirait l'Amour Inconditionnel dans cette situation ou envers cet individu ? »

Pour rappel : l'Amour Inconditionnel s'aime autant lui-même qu'il aime les autres.
Ainsi, respecte-toi au même titre que tu respectes ton entourage.
Fais au quotidien ce à quoi tu aspires, ce qui résonne en toi.
N'accepte aucune proposition ni situation si elle te met mal à l'aise ou si elle ne correspond pas aux valeurs incarnées par l'Amour.
Ne sois pas « gentil ». Sois vrai, authentique.

Je t'invite à lire le livre « *Cessez d'être gentil, soyez vrai !* » de Thomas d'Ansembourg.
Il permet de bien saisir la nuance entre dire « oui » pour faire plaisir à ton entourage et dire « oui » quand tu as vraiment écouté ton envie profonde.
Il apprend à faire la différence entre être gentil, soumis, obéissant et être authentique, intègre, souverain de ta propre vie, tout en respectant la souveraineté des autres.

La gentillesse est une force, pas une faiblesse !
Sois gentil mais ne te laisses pas prendre dans le filet de la culpabilité ou de l'empathie envers des personnes qui en usent et en abusent…
Tâche d'être assez lucide pour faire la différence entre une personne sincère et une personne toxique qui joue la victime.

La « Loi du plus fort » règne en cette période de survie. Elle a été instaurée par le patriarcat.
En revanche, la « Loi de l'entraide collective » est notre mode de vie originel !
L'entraide et un tissu social soudé découle d'un système de société matrilinéaire.
Il s'agit ici de « solidarité ». Là réside toute la différence.

**Libération de ta recherche désespérée de l'âme sœur.
Place aux jeux, aux essais, à la légèreté et à la joie.
Ne crains plus la mort, cette peur t'empêchait
de vivre pleinement ta vie !
TU ES TOUT.**

ÉTAPE 27

Tu n'as plus « besoin » de rien
pour être heureux et dans la joie.

Sois la joie, tu es joie.
Sois en paix et dans la joie avec ou sans habitation, avec ou sans repas, avec ou sans amoureux, avec ou sans famille, avec ou sans travail, avec ou sans voiture…
Tu n'as besoin de rien pour être. Juste être.
Ce que tu possèdes ou veux posséder sera, tôt ou tard, la cause d'une souffrance car le bonheur de l'obtenir laissera place à la peur de le perdre ou à la tristesse de l'avoir perdu.
Ainsi, si tu as, c'est bien. Et si tu n'as pas, c'est bien aussi.
Accueille ce qui est, sans jugement, sans y mettre de connotation positive ou négative.

Cesse de vouloir séduire ton entourage.
Arrête d'être gentil, sage ou parfait dans l'unique espoir de plaire.
Écoute-toi, réalise ce à quoi aspire ton cœur et agis toujours en te respectant.
Ne te mets plus la pression sur le fait de devoir être attirant, agréable, sympathique et cool.
Sois juste toi-même.

Lors d'une discussion, n'essaie pas de combler le silence à tout prix. Laisse tranquillement venir les idées, sans te forcer.
Ne distribue pas quantité de compliments à gauche et à droite en espérant te faire aimer ni pour aider l'autre à s'aimer lui-même.

Sois à l'écoute, mais ne te contrains jamais à l'être quand tu n'as pas la tête à ça ou quand ton interlocuteur te semble intarissable.

Parle, mais ne t'oblige jamais à monologuer si l'autre ne montre pas de signe d'intérêt à converser avec toi. Ne prends pas mal son désintérêt. N'en fais pas une affaire personnelle.

Laisse-le penser ce qu'il veut. Laisse-le n'être pas intéressé par autre chose que lui-même ou par ses problèmes. Tout est bien.

Rien ne te dérange. Tu accueilles ce qui est et c'est parfait.

« L'origine de la souffrance est l'attachement. Or la seule constante dans l'univers est le changement. » disait Bouddha.

S'attacher aux êtres et aux objets est inévitablement source de douleur car rien n'est immuable ici-bas.

Le changement est à accueillir. Tu ne dois surtout pas lutter contre les changements, au risque de mourir d'épuisement.

« Le changement n'est pas douloureux, seule la résistance au changement l'est. » disait-il aussi.

Là encore, Bouddha parle de l'attachement à une situation initiale et un refus de la voir évoluer.

Sois dans le contentement de ce que tu as et de ce que tu es.

Lâche tes espoirs, tes aspirations qui tendent vers l'infini, jamais ici ni maintenant.

À chaque instant, accueille la vie telle qu'elle est, telle qu'elle vient.

Entraîne-toi au quotidien à aimer ce que tu es, sans rien attendre d'autre.
Aime-toi comme tu es, avec ce que tu possèdes déjà.
Aime les autres tels qu'ils sont.
Sois heureux SANS raison.

Apprends à faire la différence entre les éléments sur lesquels tu as prise et ceux qui sont hors de ta portée.
Agis sur ce qui dépend de toi et laisse aller tes attentes concernant le reste.

Libération de ton besoin de « posséder » un conjoint,
une descendance, une maison, une voiture,
de l'argent, des habits de marque,
des chaussures stylées, des objets de valeur…
Ce que tu as est parfait. Aime-le et aime-toi.
TU ES TOUT.

ÉTAPE 28

Cesse toutes les luttes qui vivent en toi.

Lâche tes désirs, tes attentes, tes espoirs, tes regrets, tes remords, tes envies, ta culpabilité et tes peurs…
Accueille ce qui est, comme ce qui vient, sans jugement.

Réalise tes projets et tes aspirations, sans en attendre monts et merveilles.
Fais ce que te dicte ton cœur. Laisse ton mental dire ses reproches et exprimer ses craintes, sans lui accorder d'attention.
Cesse de lutter pour ou contre quelque chose.
Toute lutte est épuisante, éreintante. En outre, chaque victoire ne sera que de courte durée car de nouveaux combats apparaîtront constamment.
Tu as prise sur certains éléments de ton existence, mais tu ne peux contrôler la vie en général ni le cours des événements.
En revanche, tu es le maître de ton lâcher-prise !
C'est aussi ça le libre-arbitre : décider de la manière dont tu vas accueillir émotionnellement les situations qui t'arrivent.
Tu peux cesser de VOULOIR être autrement que ce que tu es déjà.

Cesse de vouloir être plus mince, plus gros, plus grand, plus petit, plus intelligent, plus beau, plus jeune, plus mature, plus blanc, plus bronzé, plus riche, plus aimé, plus admiré, plus calme, plus sportif, plus sage…

Abandonne le désir d'être en meilleure santé, d'être guéri, d'être plus extraverti, d'être plus ceci ou cela.

Car ces attentes grignotent ta précieuse énergie et la dévient vers de stériles souffrances.

Tes attentes sont des luttes intérieures.

Tes désirs sont des luttes intérieures.

Tes attentes te poussent à procrastiner.

Tes désirs te font culpabiliser de ne pas réussir à être ou obtenir ce que tu vises.

Que de douleurs inutiles infligées à toi-même !

Ne lutte plus contre toi-même. Aime ce que tu es.

Ne lutte plus pour un monde meilleur, une société plus juste. Aime ce monde tel qu'il est.

Ne lutte plus pour changer telle personne, guérir telle autre, soulager untel, empêcher tel autre de nuire…

Aime les autres comme ils sont.

Rappelle-toi que tout est parfait. Tout a un sens que tu ne peux percevoir ni même envisager.

Tu n'as pas à juger les rouages du destin.

Pas plus que tu n'as à te juger toi-même ou ton entourage.

Quand tu seras en paix à l'intérieur de toi, alors le monde extérieur le deviendra aussi. Car nous sommes interconnectés : l'extérieur EST l'intérieur, l'individu EST les autres individus.

Ils sont tous connectés puisqu'il s'agit de la même entité.

TOUT est lié à TOUT.

Sache que le monde extérieur n'est que le reflet de ton intériorité. Cette société est le miroir de ton univers personnel.

Si tu souhaites une paix mondiale, trouve d'abord la Paix en toi.

Accueille chaque événement comme il vient.

Quand tu as le pouvoir d'agir sur certains éléments de ta vie, alors magnifie-les, transforme-les en leurs plus belles versions.

Mais si les événements sont en dehors de ta sphère d'action, alors lâche les émotions et les jugements qui envahissent ton corps et ton esprit. Car ces luttes sont énergivores et vaines.

Concernant les faits ou les personnes sur lesquels tu n'as aucune prise, laisse-les vivre leurs propres aventures. Ils sont libres, tout comme toi, d'expérimenter la vie qu'ils ont décidé de mener.

Fais-leur confiance. Fais confiance en la vie.

Fais-toi confiance.

Tu possèdes la capacité de faire la distinction entre ce que tu peux transformer et le reste.

Ainsi va la vie. Aime-la pour ce qu'elle est, pour ce qu'elle t'offre.

Vivre cette aventure terrestre est une chance inestimable !

Libération de ton habitude à vouloir
toujours mieux et toujours plus.
Libération de ton désir de vouloir contrôler
ce que tu ressens, ce que tu penses,
ce que tu veux, ce que tu dis, ce que tu vis.
TU ES TOUT.

ÉTAPE 29

Cesse tout jugement.

Chacun agit au mieux, selon sa propre vision du monde, selon sa propre vérité.
Ni bien ni mal. Juste des faits.

Les raisons qui rendent chaque événement utile pour ton évolution te dépassent.
Le but global de l'Univers ne peut être appréhendé par le cerveau humain.
Garde confiance en la vie car la Conscience Absolue sait ce qu'elle fait. Tout est parfait.
Profites-en pour t'entraîner à cesser tout jugement envers les autres, mais aussi envers toi-même.
La tâche est énorme, mais elle est magnifique.

Aime sans juger.
Accepte les gens comme ils sont.
Accueille les autres et leurs attitudes sans les catégoriser.
Cesse de critiquer les faits, les dires et les gestes de chacun.
Abandonne tes jugements sur les différents styles de sociétés ou de religions.

Car tout jugement induit de la souffrance : tu souffres de voir untel « mal » agir, tu pleures en entendant tel récit ou telle action que tu estimes « horrible ».
En parallèle, tu diffuses des pensées négatives autour de toi.
Or, c'est la joie et l'Amour qu'il faudrait rayonner.

Face aux événements « désagréables » ou « tristes », apprends à te focaliser sur le ressenti de ton corps au moment présent. Lâche les pensées négatives, elles entretiennent ta souffrance.

Ainsi, tu transcendes la difficulté et tu retrouves ta paix intérieure, ta joie originelle et intemporelle.

Ton âme ne juge rien ni personne, pas même toi. Car elle est Amour pur et absolu.

Seul ton mental cherche à catégoriser, à mettre dans la case du « gentil » ou du « méchant ».

Or, justement, notre évolution vers l'Homo Deus met l'âme en priorité et relègue l'ego à l'arrière-plan.

Le mental se révélera idéal pour t'aider dans la pratique et l'organisation de ta vie terrestre.

Ce mental est parfait pour gérer, comptabiliser, classifier et concrétiser. Il a de belles facultés pratiques et logiques. Mais il n'a pas à diriger ton existence !

Seule ta conscience sait tout et aime tout, même si elle ne te révèle que quelques détails au compte-gouttes.

Aie foi en elle, tu peux lui faire aveuglément confiance, sans attentes, sans conditions.

Accepte de faire ce que te dicte ton âme et confie ensuite à ton mental la tâche de rendre cela réalisable dans la matière. Mais surtout sans lui laisser le choix de dire s'il s'agit, oui ou non, d'une bonne idée ! Ton mental n'en sait rien, il n'entend pas le Grand TOUT. Ta conscience, oui. Car ta conscience EST la Conscience Universelle.

Dorénavant, fais abstraction de « toi ». C'est à dire du filtre à travers lequel tu regardes, commentes et juges ce qui arrive.

Si tu n'es plus identifié à ton personnage de chair, alors tu n'as plus d'avis à émettre sur le comportement des autres. Tu es l'autre, tu laisses donc tes semblables agir comme ils le pensent.

Tu es eux. Ainsi tu es heureux de pouvoir expérimenter « tes » propres choix et de pouvoir assumer les conséquences de « tes » décisions.

Tu n'as nul besoin de haïr ou de punir une action ou un être que tu « trouves » mauvais.

L'univers dans sa perfection s'en chargera. La Loi de l'Attraction faisant effet de « justice divine » car qui sème le vent récolte la tempête.

Quant à ceux qui propagent l'Amour, ils récolteront les fruits de l'Amour.

Pose ton attention sur tes actions, pour autant, ne les juge pas !

Fais-toi confiance. Agis au mieux.

Rectifie tes pensées, tes paroles et tes actes lorsque tu comprends qu'elles ne sont pas porteuses de joie ou de paix.

Efface-toi afin de devenir un observateur neutre et aimant. Tu es un observateur car, en vérité, tu es la Conscience Universelle qui observe à travers tes yeux.

Aime le monde tel qu'il est car tes pensées sont créatrices !

Alors, crée de la beauté et de l'amour, non de la critique et du jugement.

Pour preuve, retrouvons Masaru Emoto, le scientifique qui a étudié l'eau (voir l'étape 12).

Masaru a produit une expérience sur l'influence des pensées sur le riz :

Il a mis du riz cuit dans trois pots différents.

Puis, il a collé une étiquette avec noté « Amour » sur le premier pot, une avec « Haine » sur le deuxième et une autre avec « Indifférence » sur le troisième pot.

Chaque fois qu'il passait devant ces pots, il pensait ou disait des paroles positives et gentilles au premier pot, des paroles négatives et des injures au deuxième pot, quant au pot de l'indifférence, il l'ignora complètement.

Cette expérience démontra qu'au bout de quelques semaines, le riz du pot « Amour » était bien mieux conservé que celui de « l'Indifférence ».

En revanche, le contenu du pot « Haine » pourrit encore plus vite que celui de l'indifférence…

Ainsi, porte toujours un regard bienveillant sur toi, les autres et la vie en général.

Aime-toi. Diffuse des pensées de paix et d'harmonie. Car dans l'invisible, la vibration que tu émets est capable de tout transformer, même la matière la plus dense.

Évite de regarder des films de guerre, d'horreur ou gore. L'attention que tu leur portes alimente les énergies basses qu'ils véhiculent.

En outre, il sera très difficile de retrouver ta joie après avoir passé deux heures à visionner une histoire anxiogène ou morbide…

Dès que tu le peux, choisis toujours la lumière, le bonheur et l'Amour.

Libération de ton habitude à commenter, critiquer, juger, analyser tout ce qui t'entoure, de la météo aux reproches dits par un voisin… Libération de ton habitude à souffrir face aux événements que tu classifies comme étant désagréables. TU ES TOUT.

ÉTAPE 30

Deviens inédien.
Bois de l'eau, des jus de fruits sans pulpe, des bouillons
de légumes <u>sans</u> éléments solides en suspension.

Tu n'as plus besoin de boire des jus nourrissants.
Un verre d'eau et la vie dans toute sa splendeur coulera en toi.

Au plus profond de toi, tu sais que tu ES la vie elle-même.
Tu alternes encore entre des tisanes, des jus de fruits sans pulpe ou dilué avec de l'eau, des bouillons de légumes.
Tu as parfaitement intégré, sans l'ombre d'un doute, que tu es l'énergie d'Amour qui s'expérimente elle-même dans la matière. Ainsi, tu te nourris de ta Lumière intérieure.
Tu sais que tu es Tout. Tu es vibration.
Tout est énergie (subtile/invisible et dense/visible) or il n'y a qu'une seule source d'énergie : L'Amour pur.
Je t'invite à relire l'étape 12 qui parle de l'eau et de ses propriétés incroyables. Cela te motivera encore plus pour franchir ce cap.

Avec le réchauffement climatique, les températures en général augmentent. Cela va de pair avec une alimentation plus épurée, légère, aqueuse et crue.
Observe qu'en été, tu vas naturellement vers des jus frais, des glaces à l'eau, des taboulés, de la salade et des brochettes de fruits.
Tandis qu'en hiver, tu as plus envie d'un chocolat chaud, d'un ragoût, d'un gratin et de plats chauds et riches en graisse.

La planète et ses habitants élèvent leur vibration à l'unisson. Ainsi, la terre évolue. Elle se nettoie, se purifie. Elle transcende ses parts d'ombre et sa dualité pour se diriger vers une version unifiée.

Comme elle, nous sommes amenés à nous transformer.

Le réchauffement climatique est bien réel, néanmoins, il n'est pas à imputer aux humains.

Certes, les multinationales ont saccagé la biodiversité et pollué terres et mers. Pour autant cela n'a aucune corrélation avec le changement de température.

Renseigne-toi sur le sujet. Tu observeras que l'astre solaire possède des cycles qui s'enchaînent, telles les saisons chez nous.

De nos jours, le soleil est dans une phase plus chaude. Cela devient évident quand tu te rends compte que la température croît aussi sur les autres planètes de notre système solaire !

Tout évolue. Tout naît, grandit, meurt et renaît. La seule constante est le changement.

Ainsi en était-il des dinosaures, des mammouths, des dodos, des tigres aux dents de sabre…

Ainsi en est-il aujourd'hui des baleines, des pandas et des innombrables espèces en voie d'extinction.

Tout a un sens, tout est parfait. La mort n'est qu'une illusion, tout comme l'est la vie.

Les médias poussent à l'extrême notre responsabilité dans cette soi-disant catastrophe écologique, car cela nous monte les uns contre les autres. Cela nous effraye, puis nous divise.

Nous devenons alors un peuple malléable à souhait, une population prête à accepter des lois liberticides et à implorer une « protection » de l'État contre les événements qui nous font peur.

Voilà l'objectif de toute cette mystification écologique et climatique.

Alors, relègue ta culpabilité aux oubliettes et concentre-toi sur la raison de ta présence ici-bas :

ton évolution personnelle, grandir en conscience.

Gaia, notre planète, est souveraine, elle n'a pas besoin de nous pour être sauvée.

Elle n'est pas une victime, tout comme tu n'es pas non plus une pauvre victime impuissante.

Tout est en corrélation parfaite avec le plan d'évolution qu'on est venu expérimenter sur terre.

Rappelons-nous cela et agissons en conséquence.

Le Dr Patrick Moore a dit :

« *Le mouvement environnemental est devenu la plus puissante force qui existe pour empêcher l'essor des pays en voie de développement. (...) Je pense qu'il est légitime que je le qualifie d'''anti-humains''.* »

Reste toujours à l'écoute de ton corps et de ta conscience. Si l'un ou l'autre refuse ou ne semble pas prêt pour accomplir cette étape, écoute-le et respecte son choix !

Rappelle-toi qu'il ne doit y avoir aucune lutte intérieure ni extérieure.

TOUT en toi doit tendre vers l'accomplissement de cette nouvelle étape. S'il y a la moindre réticence ou résistance, c'est qu'il faut encore patienter et approfondir les étapes précédentes.

Tu peux aussi passer aux étapes suivantes, en étant continuellement à l'affût des ressentis afin de repérer le moment où tu seras prêt à incarner la phase d'inédie.

Sois dans l'harmonie. N'impose rien à ton corps, sinon tu jouerais le jeu de ce monde d'illusions et d'obligations.

Garde à l'esprit que tu continueras toujours à te « nourrir ». Tu ne jeûnes pas mais tu ne manges plus de nourriture solide. Tu te nourris de l'Amour Universel, du prana, de cette lumière qui vibre en et autour de toi.

Manger consiste à ingurgiter des éléments physiques pour alimenter un corps physique. Tandis que te « nourrir en conscience » est issu d'une liberté totale !

Tu peux **choisir** de manger des aliments physiques, de l'énergie subtile nommée « prana » ou l'Amour Absolu dont tu es intégralement constitué.

Il s'agit d'une décision que tu peux prendre et reprendre à chaque instant de ta vie. Il n'y a aucune radicalité ou exclusivité à maintenir.

Reste constamment dans l'écoute intérieure et la fluidité. Surfe sur les possibilités que t'apporte la vie. Prends le temps de te questionner lorsqu'une proposition nouvelle s'offre à toi.

Tu es libre de choisir ton mode d'alimentation.

Quand ta conscience t'en donnera le signal, abandonne les jus de fruits avec pulpe et les jus de légumes épais. Interroge chaque jour ton corps physique afin d'entendre ses besoins et ses envies.

Ne laisse pas ta peur prendre le contrôle sur ton alimentation. Aie confiance en toi.

Bois autant d'eau que tu le souhaites. Comme expliqué dans l'étape 12, amuse-toi à vitaliser et à informer l'eau en y apposant tes mains ou avec un vortex (quand elle forme un tourbillon, elle emmagasine les informations que tu lui donnes).

Bois autant de tisanes, de bouillons clairs et de jus de fruits dilués que nécessaire.

Tu es ton propre maître.

Si tu ressens le besoin de prendre un repas plus consistant ou un breuvage plus riche, autorise-toi à le faire. Ne deviens pas un tortionnaire à l'égard de toi-même. Aime-toi et respecte-toi.

Ainsi, petit à petit, tu atteindras un état d'inédie. C'est-à-dire le fait de vivre en s'alimentant uniquement d'eau, voire de jus léger et de bouillon sans morceau.

Exemple de personnalités qui se sont alimentées uniquement d'eau (ou d'une hostie quotidienne) durant des semaines, des mois ou des années :

Marthe Robin (1902-1981), Thérèse Neumann (1898-1962), Alexandrina de Balazar (1904-1955), Jasmin Herrera, Michael Werner (auteur du livre « *Se nourrir de lumière. L'expérience d'un scientifique* »), Henri Monfort ne boit que de l'eau depuis 2002…

Depuis 1995, Hira Ratan Manek se nourrit de lumière solaire et d'eau solarisée (exposée au soleil durant 8 heures).

Gaston Bacchiani ne se nourrit que d'eau et de certains autres liquides depuis 2013.

Ivan Orlic est un scientifique qui a expérimenté le « processus de 11 jours » avec Victor Truviano et celui de 21 jours avec Nicolas Pilartz. Aujourd'hui, Ivan poursuit l'exploration du pranisme en étudiant de nombreux respiriens.

Emeya S. Angelisme a fait son premier « processus de 21 jours » en 2013, suivi de treize mois de régime à base d'eau avec ajouts occasionnels (quatre fois) de miel dans l'eau.

Le processus de 21 jours (et aussi celui de 11 jours) est un stage animé par une personne pranique. Ce processus nous accompagne dans la transition d'une nourriture matérielle vers une alimentation pranique.

Michael Werner et Hira Ratan Manek ont été validé par les scientifiques modernes car ils ont accepté de se soumettre à une observation médicale ininterrompue durant plusieurs semaines.

**Libération de ton besoin de boire des
jus consistants et des soupes épaisses.
Libération de ta croyance à devoir manger
des aliments physiques pour te maintenir en vie,
il s'agit d'un mensonge.
Tu te rapproches chaque jour un peu plus
du mode d'alimentation pranique.
TU ES TOUT.**

ÉTAPE 31

Tu n'es plus triste pour les personnes que tu as perdues, qui sont ou vont mourir.

Tu n'es plus triste non plus pour les personnes vivantes qui souffrent.

Car tu sais pertinemment au fond de toi-même, qu'ils sont tous éternels et faits d'Amour Pur.

Leur corps est temporaire, mais leur âme n'a ni début ni fin, comme la tienne.

S'il t'est possible de les aider et de faire cesser leur souffrance, alors fais-le.

En revanche, si leur problème se trouve en dehors de ton pouvoir d'action, alors rappelle-toi qu'ils sont souverains de leur propre vie et que leur conscience crée cette expérience pour leur évolution.

Tu n'as jamais été séparé d'eux. Nous sommes la même Conscience Universelle, la même entité.

Comme tu cesses de t'identifier à ton personnage humain, aussi, tu arrêtes d'identifier les autres en les restreignant à leur simple enveloppe terrestre.

Rappelle-toi qu'ils vivent une expérience enrichissante.

Ils ne sont pas uniquement l'individu que tu vois dans la matière. Leur essence est immortelle.

Ainsi, ils possèdent le choix d'incarner au quotidien l'Amour ou la peur.

Si l'absence d'un être te pèse, c'est ce besoin-là que tu dois apprendre à accueillir, à aimer et à transcender.

Tu n'as pas à être triste pour lui, car il a choisi son destin avant de naître sur cette planète.

De plus, il poursuit sa route sur d'autres plans.

Tout est parfait.

La personne décédée n'est pas une pauvre victime. Elle est souveraine, comme toi.

En vérité, il n'y a ni bourreau, ni victime. Chacun attire la situation nécessaire à l'éveil de sa conscience et à celle de son entourage.

Ton âme est la créatrice de ta vie et elle ne t'épargnera aucun événement qui t'aidera à grandir en conscience. Tu peux te faire confiance. Ce qui se produit est magistralement orchestré en vue de vivre la plus belle des aventures : incarner l'Amour dans la matière !

Une abondance d'expériences élévatrices te mène sur la voie de l'épanouissement personnel, sur le chemin de ton évolution vers l'Homo Deus.

Sans jugement de valeur, accepte ce qui ne peut être changé. Puis accueille les émotions qui passent par toi. Ne lutte pas contre elles. Elles sont précieuses et nécessaires.

Elles ne font que transiter par toi et ne resteront pas là éternellement.

Ces émotions ne sont pas toi. Aime-les quand elles arrivent et apprends à ne pas demeurer prisonnier d'elles. Laisse-les disparaître naturellement.

Dans certains cas, ta souffrance est vraiment rassurante… car tu la connais par cœur et elle semble te définir.

Or elle ne définit que ton personnage égotique incarné présentement. Cet individu n'est pas toi.

Tu es Amour. Tu es pure conscience. Ton énergie vibre à la plus haute fréquence.

Chacun joue son rôle à merveille dans cette pièce de théâtre qu'est la vie.

Les méchants sont affreusement méchants, les gentils sont adorablement gentils.

En chacun de nous, il y a du beau et du bon mais aussi de la haine et de la violence.

Au final, nous sommes tous la matérialisation d'une énergie d'Amour absolu.

La Conscience Universelle s'est densifiée à l'extrême afin de pouvoir prendre part à cette comédie illusoire dont l'un des buts est d'en apprendre toujours plus sur elle, de s'expérimenter.

La Conscience rit, elle pleure, elle aime, elle se déchire, elle se déteste, elle se pardonne, elle se retrouve, elle monte en conscience d'elle-même…

Néanmoins ces expériences-là n'ont jamais existé autre part qu'au sein de cette Conscience englobante. Tout se déroule dans son « imaginaire » si puissant qu'on en est dupe.

Quand tu rêves, observe ton ressenti : lors de ce songe, tu es persuadé d'être réel !

Tes émotions et tes sensations sont aussi concrètes que lorsque tu es éveillé.

Il en va de même pour cette existence.

Accueille ce qui est. Et accueille ce que tu ressens face à ce qui est.

Lâche prise, tout en continuant ta route avec foi en l'avenir et confiance en toi. Car tu en es le créateur. Chacun de tes choix, chacune de tes pensées, de tes actes, orienteront ton futur dans un sens ou dans un autre.

Alors souris et aime ce que tu es, sans te juger, sans exiger le meilleur en tout et pour tout.

Quand tu vois quelqu'un souffrir, si tu peux lui venir en aide, aide-le en douceur, sans forcer.
Assure-toi bien qu'il ait envie de recevoir ton aide…
Néanmoins, si tu ne peux pas lui porter secours, car il fait le choix de refuser ton aide ou qu'il préfère expérimenter sa croyance, sa peur ou sa décision, alors lâche prise.
Ce n'est plus de ton ressort.

Rappelle-toi qu'il est libre. Qu'il est créateur de sa vie. Qu'il est le maître du corps et de l'esprit qu'il a reçu à sa naissance. C'est son choix.
Si tu éprouves de la souffrance en observant, ressentant sa douleur, alors aime-toi.
Donne-toi de l'Amour.
Accueille, apaise et aime le trouble qui monte en toi. Ne te laisse pas dominer par cette émotion.
Tu n'es pas cette émotion, elle passe juste par toi.
Ne la maintiens pas vivace dans tes pensées, tes paroles ou tes actions.

Si tu as perdu quelqu'un d'important pour toi, alors aime-toi et accueille ta tristesse. Laisse cette tristesse parcourir ton corps et tes pensées, toutefois mets-y un terme au bout de quelques minutes.
Ainsi, elle ne s'enracinera pas en toi. Car ton corps de chair a besoin de ton énergie pour continuer sa route.

Si la personne décédée te manque, pense à elle et parle-lui comme si elle était encore là.

Sache qu'elle ne t'a jamais réellement quitté. Elle t'entendra si tu l'appelles.

La mort est une illusion au même titre que la vie en est une…

Libération de ton besoin de mettre une frontière entre le monde visible et les mondes invisibles/subtils. Libération de ta croyance d'avoir été ou d'être séparé des personnes qui sont décédées car, en réalité, tu n'as jamais été éloigné d'elles. Elles sont toujours là, transformées, différentes, mais vous êtes connectés en permanence. Tu es eux et ils sont toi. TU ES TOUT.

ÉTAPE 32

Dans ce monde d'illusions, tout est toujours en mouvement. En revanche, dans la Réalité, rien ne change.

Tout est en mouvement : même la pierre, la roche et les montagnes !

La science moderne nous a permis de découvrir l'existence de particules infimes nommées « atomes ». Bien que ce soit invisible à l'œil nu, les atomes sont en perpétuel mouvement.

Comme ces atomes composent tout ce qui existe physiquement, l'on peut conclure que tout est en mouvement, même si celui-ci est imperceptible.

D'ailleurs, pour le moment, la plus petite molécule que l'on connaisse est l'atome. Néanmoins, dans le futur, les progrès technologiques parviendront certainement à découvrir des molécules encore plus petites…

Pour autant, il existe tout de même **UNE chose immuable** car intemporelle. Il s'agit de l'énergie qui est à la base de l'univers, j'ai nommé : « la vibration Amour ».

Cette énergie hors du temps est permanente. Elle se trouve partout, toujours.

Ainsi, sois rassuré, tu ne risques rien ! Tu peux laisser aller ta peur de la mort, ta peur de disparaître car c'est IMPOSSIBLE. Tu es. Et tu seras pour l'éternité.

Là où tu te trouves réellement, il n'y a ni début, ni fin. Ni mouvement, ni immobilité.

Tu es ce tout omniprésent, ce Grand TOUT.

Ton corps charnel, lui, a une durée limitée mais ce corps n'est pas toi !

Dans l'espace-temps terrestre, mets-toi aussi en mouvement : laisse s'exprimer ta créativité, deviens un admirateur de la beauté du monde qui t'entoure, aime.
Observe et remercie l'esthétisme d'un paysage, d'un sourire, d'une fleur, d'un visage, d'un ciel étoilé.
Deviens Amour lorsque tes yeux se remplissent d'extase à la vision du pelage chatoyant d'un tigre, d'un arbre bicentenaire, d'une abeille butinant une rose…
Incarne l'Amour en étant subjugué par la beauté que t'offre cette incarnation.
Entoure-toi de couleurs, de mélodies harmonieuses, de chants, de nature, d'art, d'activité physique, de créations en tous genres et d'artisanat.

Sois dans l'abondance de créativité lorsqu'il s'agit de matérialiser une idée.
Sois dans un état de grâce lorsque ce corps et la dextérité de tes doigts te permettent d'écrire, de cuisiner, de réparer un objet cassé, de jardiner, de jouer d'un instrument, de déclamer une pièce de théâtre, de danser, de chanter…
Crée, invente, vibre et aime !
Redeviens un enfant à l'imagination débordante. Sois dans le ludique, la légèreté, l'instant Présent, le bonheur d'être là, maître de ton corps et de ton temps.
L'Amour est l'énergie qui crée.
Imite l'Amour et crée à ton tour de la beauté, de la santé, de l'équité et de la fraternité.

Tout est en mouvement, tout est changement.
Tout est création, évolution, transformation, perfection.
L'inspiration t'est directement envoyée par ton âme, c'est à dire par la Conscience Universelle.
Ton intuition est due à ta connexion intime avec ton âme.
Aspire à en recevoir les messages, c'est un cadeau éblouissant !

Deviens acteur de ta vie, génère l'harmonie qui t'entoure au quotidien.
Le corps que tu possèdes est un joyau inestimable !
Utilise-le à bon escient. Fais-le vivre, fais-le bouger, danser, jongler, courir…
Ce corps est un outil précieux qu'il te faut entretenir et nourrir de beauté dans tous les domaines !

Rappelle-toi que tu es venu expérimenter sur cette planète, ce que précisément « tu » n'es pas : mortel et en mouvement constant.
En vérité, tu es immortel et immuable.
Tu as toujours existé et tu existeras toujours.

Entraîne-toi à visualiser le monde qui t'entoure d'une manière nouvelle : partout où se pose ton regard, imagine qu'il ne voit qu'une succession de particules en rotation, comme de minuscules grains de poussière lumineux orbitant autour de leur noyau central.
Regarde à travers le filtre d'un méga-giga-microscope…

Ainsi tu ne verras pas une chaise sur le carrelage, mais une infinité d'atomes tournoyant sur eux-mêmes !
Tels des codes mathématiques ou des données métaphysiques, ces atomes sont de l'énergie en mouvement.

Lorsque tu te regardes dans un miroir, transcende cette image. Vois au-delà de ton apparence. Admire la vibration colorée qui te compose. Observe comme elle foisonne d'ondes d'Amour pur !

Pour cette étape, il s'agit de dépasser la réalité que tu crois connaître. Réapprends à voir avec les yeux de la Conscience Universelle. Tout est code et énergie.
Le théâtre d'illusions dans lequel tu vis, n'est pas constitué de matière solide ni immuable.
Il s'agit en vérité d'une substance fluide en perpétuel mouvement !

Intéresse-toi à la physique quantique.
Nassim Haramein est un scientifique physicien suisse, spécialiste de la mécanique quantique.
Il a fondé une nouvelle théorie qui a ébranlé le monde scientifique : la théorie des champs unifiés.
Nassim affirme, entre autres, que l'espace n'est pas fait de vide. Il aurait une structure électromagnétique mesurable à l'échelle de Planck (c'est à dire la plus petite échelle qui soit).
Autrement dit, le vide n'est pas vide. Il nous « semble » vide, or en réalité, il est constitué d'éléments infimes…
Nous sommes donc entourés de particules invisibles qui nous relient au reste du monde !
Selon lui, l'énergie primordiale serait la source du monde physique. Ce que nous considérons comme vide, en opposition à la matière solide, serait plein d'énergie. Et cette énergie, riche d'informations, relierait tout.
D'où le fait que nous soyons interconnectés !

**Libération de ta croyance à te penser fragile,
vulnérable et mortel.
Ton corps physique actuel l'est, mais ton âme,
ton essence pure est immuable.
Libération de ta procrastination. Agis et vis.
TU ES TOUT.**

ÉTAPE 33

Seul existe l'Amour.

Pense à **la personne que tu aimes**, admires ou respectes le plus.
Qui que ce soit, vois tout l'Amour et l'adoration que tu voues à cet individu.
Ressens la chaleur de cette énergie.
Imagine maintenant qu'en réalité, cet être merveilleux que tu idolâtres, c'est toi !

Est-ce Bouddha ? Est-ce Jésus-Christ ? Est-ce ta mère ? Est-ce un écrivain ? Une chanteuse décédée ? Un peintre ? Un génie des mathématiques ?
Qui que ce soit, lorsque tu regardes cette personne, dans l'absolu, c'est toi que tu aimes et que tu contemples. Et c'est magnifique.
Tu es lui. Il est toi.
Il s'agit de la part la plus lumineuse, la plus brillante, la plus merveilleuse que tu possèdes en toi.
Ressens la puissance illimitée d'Amour que tu es capable de lui donner.
Cet Amour, offre-le aussi à toi-même.

Ton libre-arbitre est le choix répété, à chaque instant, de prendre le chemin de l'Amour OU celui de la peur. Tu as toujours ce choix, pour toutes les situations de ta vie.
Ainsi, dès aujourd'hui, crée ta vie en suivant la voie du cœur.

Pour cela, fais le silence en toi. Apaise ton mental. Marche ou médite les yeux fermés afin de faire taire ton monologue intérieur.

Ensuite, quand tes émotions sont neutres, quand tes pensées filent sans que tu n'y attaches d'importance, alors écoute tes envies, entends les aspirations subtiles que te dicte l'Amour.

Incarne la joie, monte en vibration afin d'arriver au niveau élevé des idées pures et géniales.

Là, quand l'action juste te semble claire, alors prends la décision de la suivre et de la matérialiser dès à présent.

Ne reporte pas au lendemain.

N'attends pas d'aide venant de l'extérieur, ni une validation ultérieure. Non. Vas-y !

Si tu ignores quel sens donner à ta vie, si tu crois que tout est vain, que tout est foutu, alors réalise la seule et unique mission qui soit importante : AIME.

Aime-toi, aime l'autre, aime la vie, aime les gens, aime la planète, le ciel, les animaux…

AIME, encore et toujours, du matin au soir.

Si tu aimes, alors ta vie sera pleine et florissante.

Si tu as aimé, ta vie aura été sublime, authentique !

Seul l'Amour est réel. Seul l'Amour compte.

Expérimente l'amour sous toutes ses formes, dans tous les domaines, du plus subtil au plus dense. L'amour est universel, omniprésent et éternel.

C'est simple et essentiel. Pourtant, aimer nous semble tellement difficile dans cette société où l'on a décrédibilisé l'Amour au point de le rendre ridicule.

Sache que le monde moderne fonctionne à l'envers.
Aujourd'hui, les valeurs sont inversées :

Les films et les médias prônent la gloire, le pouvoir, la domination, la jeunesse, l'individualisme, l'égocentrisme, la richesse au détriment d'autrui, les femmes fragiles, vulnérables et désirables, les hommes insensibles, inébranlables et virils…
Les stars sont fascinantes de narcissisme. L'on vante leur beauté extérieure, leur apparence charismatique, leur superficialité, leur opulence indécente, leur éternelle jeunesse et leur minceur exacerbée.
Or, nous ne sommes alignés avec notre âme que lorsqu'on est dans la vérité, la sincérité, l'authenticité, la maturité, la sagesse, la modestie, le partage, l'équité, l'amitié désintéressée et l'amour inconditionnel.
Autrement dit, exactement l'opposé des valeurs véhiculées par notre société !

À chaque instant de ta vie, pose-toi cette question :
« Que ferait l'Amour à ma place ? »

Que ferait l'Amour par rapport à cette personne, mais aussi, que ferait l'Amour par rapport à toi-même ? T'aimes-tu en adoptant ce comportement ? Aimes-tu ton prochain en lui parlant ainsi ? Aimes-tu la vie en la négligeant de la sorte ?

Maintenant que tu as connaissance de cette « clé », il te reste à l'utiliser au quotidien pour chaque situation.
Aie la lucidité d'observer ton attitude.
Vise tes aspirations les plus élevées.

Une fois sur le chemin de l'Amour, sois certain que l'univers favorisera tes projets !

Ainsi, il t'enverra l'aide et les synchronicités nécessaires pour vivre au mieux cette expérience terrestre.

L'univers te soutiendra puisque l'univers, c'est toi. Il n'y a rien d'extérieur à toi. Tu es TOUT.

Il s'agit d'un cercle vertueux :

Lorsque tu suis la voie indiquée par ta conscience (qui n'est autre que l'Amour), tu es parfaitement aligné avec ton âme.

Du coup, cette harmonie entretiendra ta joie au quotidien. Cette joie augmentera ta vibration. Or si tu vibres l'Amour, tu te situes à de telles hauteurs que tout s'écoule avec fluidité et grâce !

Les événements s'enchaînent de manière absolument parfaite.

Et la base de ce cercle vertueux est de conserver la foi absolue en la vie. Donc en toi.

**Tous les futurs restent possibles
et envisageables à chaque instant.**

Pour comprendre qu'un avenir inévitable et figé n'est pas une fatalité, il suffit de regarder les « figures » de Chladni.

Chladni a mis en lumière la perfection des vibrations grâce à une fine plaque de métal saupoudrée de sable blanc. En maintenant cette plaque en parfait équilibre, il faisait vibrer un archet à l'une de ses extrémités.

Aussitôt, des formes symétriques et géométriques apparaissaient sur la surface, dessinées de manière éphémère par les grains de sable.

Ces esquisses changeaient radicalement à la moindre variation du frottement de l'archet.

Ainsi est l'univers, tous les événements peuvent advenir dès que tu changes ta vibration !

**Libération de ta croyance à te penser submergé
par la peur, la haine ou le manque.
Libération de l'illusion de croire
que tu n'es pas Amour pur et absolu.
En vérité, seul existe l'Amour.
Le reste n'est qu'une illusion qui permet
à cet Amour de s'expérimenter lui-même
encore et toujours.
TU ES TOUT.**

ÉTAPE 34

Le pardon.

Pense à **la personne que tu détestes le plus** au monde. Qu'elle soit encore vivante ou qu'elle ait existé dans le passé, pense à cet individu et conscientise que cet être détesté… c'est toi.

La haine que tu lui voues, il s'agit d'une haine que tu envoies à toi-même !
Cet individu représente ta partie obscure, souffrante, effrayée et négative que tu rejettes.
Oui, tu occultes une part de toi-même car il est plus facile de se penser gentil et exemplaire.
Tu préfères te voiler la face plutôt que d'accepter tes défauts, tes bassesses, ta vulnérabilité.
Tu n'as pas à t'en vouloir, encore moins à culpabiliser. Au contraire, félicite-toi d'avoir enfin compris cette vérité !
Il n'est jamais trop tard pour se transformer.

Ainsi, cet ennemi haï, c'est toi. Tu es lui, il est toi.
Regarde-le avec autant d'Amour que ce que tu donnais à l'être adoré cité dans l'étape précédente.

Le pardon est une illusion.
Rappelle-toi qu'il n'y a ni bourreau, ni victime, ni sauveur.
Tout est parfait et nécessaire pour évoluer.
Ton âme te construit une vie humaine idéale pour te faire grandir en conscience.
Tout est Un. Tu es ce TOUT.

Tu es le « bourreau », tu es la « victime », tu es le « sauveur ». Donc, ces rôles sont des leurres issus de ce monde d'illusions.

Nous « jouons » un scénario qui est interprété par des âmes majestueuses ayant revêtu un « costume » de noirceur le temps d'une incarnation.

Nous sommes tous aimés et infiniment dignes d'amour.

Nous sommes tous nés de la même énergie, à des stades d'évolutions différents, à des niveaux de consciences différents.

Le plus difficile est de te pardonner tes propres faiblesses, tes propres erreurs. Dès lors que tu y parviens, alors tu réussiras aussi à « pardonner » à ceux qui t'ont blessé, même si le pardon est une illusion inhérente à cette comédie qu'est la vie.

Tout a une raison d'être que notre intellect humain ne peut concevoir tellement le plan divin est vaste et incommensurable.

D'ailleurs, une fois que tu te détaches de ton passé, tu n'éprouves plus le besoin de pardonner à ceux qui t'ont fait du tort. Car ce passé ne te concerne plus. Tu es un être neuf à chaque instant.

Une fois que tu te distances de ta personnalité et de ton ego, il n'est plus nécessaire de te pardonner tes erreurs ni celles des autres ni les prétendues « injustices » de la vie.

Tu es le Créateur ET la créature. Il n'y a ni scission, ni séparation. Juste UN.

En lâchant le passé et en te désolidarisant de ton mental et de ta personne égocentrée, cela permet d'aller au-delà de la douleur, des regrets, des souffrances infligées par d'autres et par toi-même.

Cette distanciation est la clé du bien-être intérieur.

Sois dans l'instant présent.

Ainsi, le passé ne viendra plus te hanter, ni les souffrances que tu as endurées par la prétendue « faute » des autres.

Si des pensées où tu te croyais être la victime d'une situation te viennent à l'esprit, aime-toi et pose ton attention sur les sensations de ton corps. Observe ta respiration, écoute les sons alentour, sens le contact des éléments sur ta peau. Médite. Fais du yoga.

Ainsi l'ego de ta personnalité incarnée « s'estompera » afin de révéler ta véritable identité : tu es pure énergie d'Amour.

Pour t'aider à dépasser ce cap, tu peux aussi pratiquer la technique de l'Ho'oponopono (voir l'étape 7). Elle te permettra de prendre conscience que TU es le bourreau, autant que la victime. Aussi le voile de l'illusion tombera.

Nous sommes tous connectés car nous sommes UN.

As-tu remarqué que les rapports humains tournent toujours autour de trois rôles ?

Nous sommes rarement neutres par rapport à notre interlocuteur…

Tour à tour, nous endossons le rôle de l'innocente victime d'une situation ou d'une personne. Puis celui de sauveur. Et de temps à autre, nous devenons aussi le bourreau d'une situation ou d'une personne…

Il s'agit du fameux triangle de Karpman :

« *Sauveur-Victime-Bourreau* ».

Aucun de ces trois rôles n'est bénéfique car il s'agit toujours du piège de l'illusion.

Non, tu n'es jamais une victime, ni un bourreau, ni même un sauveur !

Si tu sembles être une victime, c'est parce que ton âme a créé cette situation afin d'accélérer ton évolution de conscience. Idem pour ce qui est du bourreau ou du sauveur.

Quittons dès à présent ce schéma ancestral pour prendre la tangente. Cessons d'endosser chacun de ces trois rôles !

En tant qu'Homo Deus, tu as parfaitement intégré que le hasard n'existe pas et que les événements qui t'arrivent sont le fruit de ta création dans l'unique but de te faire évoluer.

Toute victime a consciemment ou inconsciemment « autorisé » son état et sa situation afin d'en apprendre plus sur elle-même, afin de s'affirmer pour sortir de l'emprise d'un manipulateur/prédateur, afin de récupérer son pouvoir personnel et afin de parvenir à transcender son rôle égotique.

Tout bourreau est, lui aussi, en apprentissage de lui-même.

Petit rappel concernant les « pervers narcissiques » qui sont un type de bourreau qu'il faut fuir à tout prix (voir l'étape 15). Même s'ils sont « toi » puisque tu es tout, ils ne changeront pas durant cette incarnation-ci. Ton challenge personnel sera de t'affirmer en quittant définitivement leur emprise toxique.

Le fait de savoir que nous sommes tous UN ne doit pas te pousser à te jeter dans la gueule du loup ou sous les roues d'une voiture... L'Amour guide toujours vers la vie, vers la joie.

Aime le bourreau mais ne reste pas dans son sillage.
Aime la victime, mais ne te noie pas avec elle si elle refuse
d'être aidée.
Aime-toi, mais que ton ego ne soit pas dépendant du besoin
de sauver les autres.

**Libération de ton besoin d'être pardonné.
Libération de ton besoin de pardonner
à ceux qui t'ont causé du tort.
Libération de ta croyance d'être différent
de la personne que tu détestes.
Libération de l'illusion de n'être pas la personne que
tu admires ou aimes le plus au monde. Elle, c'est toi.
TU ES TOUT.**

ÉTAPE 35

Transcende ton ego.

Tu n'es ni une femme, ni un homme.
Tu n'es ni jeune, ni vieux.
Tu n'es le fils, la fille de personne.
Tu n'es le frère, la sœur de personne.
Tu n'es personne car tu es TOUT. Tu es tous.
Tu n'as rien à prouver. Le simple fait d'être ici et maintenant sur cette terre te rend légitime.
Sois EN PRÉSENCE.
Tu es la Conscience Universelle qui s'incarne.
Tu es tous les humains présents sur la terre.
Tu es tous les humains ayant vécu sur la terre.
Tu es tous les humains qui vivront sur la terre.
Tu es tous les êtres sensibles, vivants, ayant vécu et qui vivront sur la terre.
Tu es tous les végétaux, les minéraux, les éléments, vivants, ayant vécu et qui vivront sur la terre.
Tu es tous les êtres sensibles, les végétaux, les minéraux, les éléments, vivants, ayant vécu et qui vivront sur toutes les planètes de cet Univers, des Multivers et de l'Omnivers.
Tu es la chevelure qui vole dans la brise du vent.
Tu es le vent, le pollen, l'oiseau, le nuage qui se forme, se déforme et se reforme sans cesse.
Aime et respecte toute personne, tout animal, tout végétal car c'est toi-même que tu aimes et respectes en faisant cela.
Rappelle-toi que tu es l'autre.
Comme le disait Jésus :
« Ce que vous voulez que les hommes fassent pour vous, faites-le de même pour eux. » Luc 6:31

Quand tu n'es plus l'individu que tu crois être en apparence, alors te voilà libéré de ses peurs, de ses besoins, de son rapport avec sa famille, son entourage, son emploi…

Sois aimable et respectueux envers ceux qui sont aimables et respectueux avec toi.

Si certaines personnes te dénigrent, t'insultent ou te blessent, alors éloigne-toi d'eux.

Ne te venge pas, ne les réprimande pas, ne leur fais pas la morale. Non. Laisse-les gérer leurs choix et les conséquences de leurs décisions.

Si des personnes sont toxiques pour toi, alors fuis leur malveillance. N'essaie ni de les soutenir au détriment de ta propre santé ni de les punir.

Car aider quelqu'un qui ne t'a rien demandé est vain, inutile.

Et aider quelqu'un qui te demande sans cesse de l'épauler, quelqu'un qui te supplie de rester à ses côtés alors qu'il n'évolue pas depuis le début, quelqu'un qui te promet de s'améliorer et qui retombe sans cesse dans ses travers, tout cela ne fera que te vider de ton énergie, sans même lui porter secours.

Chacun doit poursuivre son chemin.

Tu es responsable de ta voie, de tes choix. Tu n'es pas responsable de ceux des autres.

Laisse-les apprendre. Laisse-les grandir en conscience à leur rythme.

Après tout, il faut bien un endroit où les consciences peuvent s'incarner pour expérimenter dans la matière. Un endroit où la dualité peut avoir lieu afin de permettre aux âmes d'évoluer.

Et cet endroit, c'est notre planète (notamment, car il y en a d'autres certainement).

La Terre, de son vrai nom Gaia, s'est portée volontaire pour accueillir ces âmes en recherche d'apprentissages. La Terre est consciente de son choix, elle n'est pas une victime et nous ne sommes pas ses bourreaux !

Tout est parfait et tout est enseignement.

C'est parce que Gaia nous aime d'un Amour inconditionnel qu'elle s'offre ainsi à notre élévation de conscience.

Tout comme les animaux et les plantes, qui nous aiment d'un si grand Amour, acceptent de se donner à nous.

D'ailleurs, TU ES cette Terre, TU ES l'animal et TU ES la plante. Tu te fais ce don à toi-même.

Remercie-toi, remercie tout.

Occupe-toi de ton évolution, écoute tes aspirations.

Aime assez les humains pour leur rendre leur totale souveraineté. Aime-les assez pour reconnaître qu'ils sont libres d'expérimenter ce qu'ils choisissent.

Aime-les d'un Amour Absolu qui accepte de les rendre responsables et autonomes, même si, en apparence, cela semble aller à l'encontre de leur bonheur ou de celui des autres.

Si tu les protèges malgré eux, ils n'apprendront pas. Ils ne pourront comprendre de leurs erreurs.

Fais-leur confiance.

Sache que tu es eux, dans le passé. Qu'ils sont toi dans le futur.

Que tout a lieu dans l'instant Présent.

Tout co-existe.

Exerce-toi à te détacher de ce que pense les autres à ton sujet.

Entraîne-toi à agir selon la guidance de l'Amour et non en passant à travers le filtre de ta personnalité.

Détache-toi des nombreux rôles que tu endossais jusqu'à présent.

Agis selon ta conscience et la compréhension profonde que tu es TOUT car tu es en permanence en train d'interagir envers toi-même, envers la multitude des facettes de toi-même.

Tu adores tes parents ? Parfait, continue à les voir et à les aimer. Prends juste conscience que tu le fais par envie et par réelle affection envers eux. Non par obligation ou par devoir. Tu peux d'ailleurs arrêter de les nommer « Papa » ou « Maman », car cela installe une hiérarchie, une relation qui répond à des codes de conduite.

Tu aimes tes enfants ? Parfait, poursuis ta relation avec eux. Mais considère-les comme des êtres à part entière, ils sont souverains de leur vie et responsables de leurs choix. Ne les vois plus comme une descendance qui te doit respect et obéissance. Tes enfants peuvent décider de t'appeler « Maman » ou « Papa ». Mais en aucun cas y être obligé.

Tu adores être entouré d'amis et de connaissances ? Parfait. Ne change rien à cette habitude, du moment que tu te sens libre d'être avec ou sans eux. Et que tu es authentique et sincère dans ton rapport avec eux ou leurs attentes.

Abandonner les mirages de l'ego ne signifie pas que tu doives te retrouver seul ni te couper de tes semblables. Au contraire, aime-les d'un Amour Inconditionnel, sans attendre quoi que ce soit en retour.

**Libération de ton besoin de t'identifier
à la personne physique que tu es présentement.
Libération de ton besoin d'être quelqu'un en particulier,
quelqu'un de spécial, qui vaut la peine d'être aimé,
quelqu'un qui mérite d'être admiré ou de vivre.
Tout cela est un leurre de l'ego.
TU ES TOUT.**

ÉTAPE 36

L'importance du silence et
de toutes les réponses qu'il contient.

Tu n'as plus rien à dire. **Tu n'as plus « besoin » de parler**, ni de t'exprimer.
Cesse de te justifier, d'expliquer, de convaincre, d'échafauder, d'argumenter.
Tout est déjà là. Tout est déjà accompli.

As-tu déjà écouté quelqu'un sans l'interrompre quand tu étais en complet désaccord avec ses propos ? Si tu parviens à laisser finir l'autre, cela montre que tu respectes son opinion même si elle est opposée à la tienne. Ainsi, tu permets à toutes les différences d'exister. Et tu ne te sens plus « agressé » par ce qui ne correspond pas à ton point de vue.
La parole n'est jamais assez claire, assez précise pour révéler qui tu es vraiment.
Un jour, le langage deviendra superflu. Car l'essentiel sera évident, un regard suffira à se faire comprendre ou à comprendre une situation.
Le silence est puissant, il contient toutes les questions et toutes les réponses.
TOUT est dans le **Silence** !

Le silence, c'est la paix intérieure. Le silence, c'est le calme du corps, le repos de l'âme.
Le vrai silence laisse parler tout seul le mental. Ton attention n'est plus portée sur ce monologue incessant.

Les mots peuvent être trompeurs, violents et manipulateurs.
Ils sont les créations du mental, de l'ego.
L'Amour n'a besoin d'aucun mot, d'aucune explication.
Le son de la voix interrompt la paix de l'esprit. Le flot des paroles éloigne l'esprit de son état de méditation permanent.
Commenter un paysage magnifique, c'est le mentaliser. Alors qu'il suffirait de s'imprégner de sa beauté, les yeux grands ouverts sur cette merveille.
L'évidence ne s'explique pas, elle est limpide.
La parole met en exergue la crainte du silence. Tandis que, précisément, le silence est notre allié !
En voulant à tout prix éviter le silence lorsqu'on est avec une ou plusieurs personnes, on aura tendance à parler pour ne rien dire, à médire sur quelqu'un, à donner de l'importance au superficiel et à l'inutile, au lieu de laisser grandir ce silence en présence.

Cette peur du silence reflète la peur de la vacuité de notre être. Or, ces deux peurs sont des leurres.
Le silence est plein et notre être est riche de tout.

Expérimente le silence quand tu es avec quelqu'un. Sois en paix, lâche le stress qui pourrait monter en toi lorsque vous ne dites rien. Regarde à l'intérieur de toi et accueille les émotions qui passent.
Souris si le cœur te dit de sourire.
Rappelle-toi que tu n'es pas « juste » cet individu incarné qui pense que sa vie se joue à chaque instant. Non. Ton véritable toi est immortel et immuable.
Écoute le silence.

Le silence se laissera pénétrer par la voix de ton âme, de ta conscience, cette voix omnisciente et omniprésente qui sait tout.

Expérimente aussi le silence chez toi dès que tu le peux. Sans musique, sans radio, sans télévision allumée en fond sonore…
De nos jours, le silence est devenu un luxe. Il est quasiment absent de nos villes. Le bruit des véhicules, des passants, des ambulances, des avions ou des voisins est constant.

Expérimente le silence en allant te promener dans la nature. Le silence de la mer, des forêts ou des campagnes est vivifiant, énergisant, nourrissant !
Bien entendu, il ne s'agit pas d'un silence absolu car le bruit des vagues, le gazouillis des oiseaux, le frémissement des feuilles d'arbres ou le vrombissement des insectes est présent à l'extérieur. Néanmoins, ces sons-là sont bienfaisants pour la santé.

Comme le disait Marshall Rosenberg, il faut choisir entre « *être heureux ou avoir raison* » !

Libération de ton besoin de parler, de convaincre, de justifier tes choix, tes actions, tes aspirations. Libération de ton habitude de parler tout le temps, d'éviter à tout prix « qu'un ange passe », de combler les blancs. Libération de ta croyance que le silence représente le vide, l'ennui, la mort. TU ES TOUT.

ÉTAPE 37

La solitude !
Quarante jours dans le désert, seul, face à soi-même.

Apprends à t'aimer, à aimer être seulement avec toi-même.
Apprends à passer plus de temps seul, à apprécier le silence, le calme, la paix intérieure.
Ressource-toi loin de la ville, loin de l'agitation frénétique des grandes cités.
Tu ne « dois » pas impérativement être seul, mais tu **peux** l'être sans aucun souci.
N'évite pas volontairement les autres.
En revanche, ne fais pas tout pour être avec les autres. Ne fuis plus la solitude.

Dans le cas de Jésus, l'éveil à sa divinité s'est finalisé dans le désert en étant seul pendant quarante jours.
Mais sa solitude faisait déjà partie intégrante de sa vie auparavant. Il marchait souvent seul. Il méditait quotidiennement.
Quand il était face à une difficulté et qu'on attendait de lui une réponse, une réaction, une guidance, Jésus s'asseyait sur le sol et traçait des cercles avec un bâton…
C'était sa manière de faire le vide, d'écarter les pensées stériles du mental pour laisser place aux idées lumineuses.
Il révélait ensuite ce que lui avait dicté l'Amour lors de sa silencieuse introspection.
Cette solitude lui permettait de se recentrer, de s'apaiser quand il était tourmenté.

Heureux le solitaire, car il s'est affranchi du besoin maladif d'être toujours en présence d'autrui. Heureux le solitaire car il a dépassé sa peur d'être seul.

Heureux le solitaire car il possède réellement le choix d'être seul ou accompagné.

L'humain est fait de telle sorte qu'au bout de quelques jours de solitude et de silence, son cerveau créera des amis « imaginaires ».

Nous sommes des individus hyper-sociables. Aussi, nous ne supportons pas la solitude.

Si nous demeurons trop longtemps coupés de nos semblables, notre mental va faire « apparaître » des présences, des esprits, des êtres pour nous tenir compagnie.

Le mental peut aussi choisir l'option de « donner vie » à des objets ou même des plantes, en les faisant communiquer avec nous.

Sont-ils issus de notre imaginaire ou sont-ils de réelles entités que nous percevons enfin grâce à ces conditions extrêmes ?

Chacun se fera sa propre opinion.

TOUT sera envisagé par ton cerveau afin d'éviter à ton esprit de se sentir seul face à lui-même !

Et pourtant… C'est dans ce vis-à-vis avec toi-même, dans cette vérité, dans ce silence omniprésent que se situe la conscience de qui tu es vraiment.

Accueille, aime et dépasse la peur d'un long tête-à-tête avec ton âme.

Quand tu auras pris goût à ta propre compagnie, alors tu seras libéré du besoin d'être avec quelqu'un. Tu feras à chaque instant le choix d'être seul ou accompagné.

Tu pourras être réellement objectif concernant tes amis. Car tu n'auras plus à accepter des personnes toxiques qui ont senti ton manque de confiance en toi et qui s'apprêtent à le combler en échange de leurs propres conditions, plus souvent dans leur intérêt que dans le tien…

En outre, tu n'es jamais vraiment seul car tu possèdes un univers à découvrir en toi et autour de toi !

As-tu l'impression d'être prisonnier de tes pensées ? De ne plus pouvoir échapper au cycle infernal de tes ruminations mentales ? C'est faux. En toi, se déroule une infinité d'activités sur lesquelles tu peux poser ton attention : ta respiration, le battement de ton cœur, la sensation de tes habits sur ta peau, les odeurs qui pénètrent tes narines, les aspérités de ton palais, les sons, même infimes, qui parviennent à tes oreilles…

Le silence qui vibre et hurle à l'intérieur de toi est aussi à percevoir.

L'omniprésence de ta conscience en toi, hors de toi et hors du temps, voilà, entre autres, ce que tu atteindras quand tu n'auras plus peur d'être seul face à toi-même.

Chaque jour, passe du temps seul.
Marche dans la nature ou à l'extérieur.
Sois seul dans ta chambre, dans ton appartement, dans une maison de campagne, à l'hôtel, dans un pays étranger…

Être seul ne signifie pas exclusivement ne voir personne. Cela englobe aussi le fait d'être entouré de gens inconnus, de croiser un promeneur et son chien dans un parc, d'aller au cinéma sans être accompagné, de nager dans une piscine municipale, de visiter un musée bondé…

Accueille cette solitude comme et quand elle se présente. Tout est parfait.

Tu es TOUT. Tu es connecté à la totalité de ce qui existe, alors que pourrais-tu craindre ?

Apprends à aimer te rencontrer et t'écouter.

Apprends à approfondir la connaissance de toi-même.

La hiérarchie est un leurre !

Nous sommes tous issus de la même Source originelle. En vérité, il n'y a que « Toi ».

Tu es l'UN. Tu es le Grand Tout.

Alors, pourquoi donnes-tu foi à cette illusion qui consiste à te considérer comme inférieur ou supérieur à quelqu'un d'autre ? Cela n'est pas la réalité.

Tu es souverain.

Un enfant est l'égal de son parent.

Un roi est l'égal de son « sujet ».

Un professeur est l'égal de l'élève.

Un policier est l'égal d'un citoyen.

Une vache est l'égal d'un éleveur.

Un papillon est l'égal d'une jument.

Nous sommes la même entité.

Tu n'as pas à te soumettre aux exigences d'un soi-disant supérieur.

Tu n'as pas non plus à soumettre quelqu'un à tes ordres. Ni à le manipuler pour qu'il t'obéisse.

Tu penses, donc tu es.

Et si tu es, tu existes. Tu as la même « valeur » qu'un autre être. Ni plus ni moins.

La hiérarchie répond aux règles de la dualité en prônant les opposés : décideur/exécutant, riche/pauvre, gentil/méchant, puissant/faible, haut/bas…

Or en cheminant vers l'état d'Homo Deus, tu ne crois plus en cette dualité qui sépare au lieu de réunir.

Au quotidien et dans chaque domaine, tu aspires à incarner l'Unité dans la matière physique.

Ainsi, tes pensées comme tes actes manifestent cette Unité, cette totale équité.

Toute hiérarchie est pyramidale (verticale), tandis que tu prends le chemin de l'horizontalité absolue où chacun a sa place et possède une valeur identique.

Libération de ton besoin d'être seul.
Libération de ton besoin d'être assimilé à une
collectivité, à un village, à une famille ou à un couple.
Libération de ton habitude d'être constamment
en présence d'autrui afin de justifier ta valeur
ou de fuir tes peurs.
Libération de ta croyance qu'une personne seule
est rejetée, triste, méprisable, dénuée d'intérêt
et abandonnée par les siens.
TU ES TOUT.

ÉTAPE 38

Tu es tout.

Tu es la goutte qui rejoint l'océan.
En réalité, tu es l'océan qui se croit être une goutte d'eau.
Car tu n'as jamais été séparé de cet océan. Tu as l'apparence d'une goutte seule et abandonnée, mais ceci est une illusion.

Regarde autour de toi. Imagine que l'air qui t'entoure est plein d'une substance colorée. Cette substance te touche, mais elle touche aussi le sol, les arbres, les passants, les voitures, les habitations, l'oiseau ou l'avion qui passe au-dessus des nuages.
Cette même substance englobe aussi la Terre, la Lune, les planètes et le Soleil. Elle va même au-delà du système solaire.
Elle touche tout et tout le monde en même temps.
Elle n'a aucune limite. Elle t'encercle, comme elle encercle les éléments de la galaxie, de notre Univers et des différents Multivers.
Ce vide est en contact avec l'entièreté de ce qui compose l'Omnivers, dont toi !

Avec le réchauffement climatique dû à l'accélération de la vibration de la Terre (et à l'élévation de la température du Soleil), tu peux facilement expérimenter cette sensation d'être uni au Grand Tout. Car quand il fait si chaud, tu as l'impression que ton corps n'a plus de limite, qu'il se dilate…

L'air qui t'entoure est à la même température que ton corps et tu sembles perdre ta consistance habituelle !

Quand tu as froid, cela te fait grelotter, tu serres tes bras contre toi. Tu as la sensation d'être agressé par l'extérieur. La fraîcheur de l'air t'aide à prendre conscience des contours de ton corps.

À l'inverse, quand la température est élevée, tu es en expansion. Tu deviens l'atmosphère chaude, tu es sans fin.

Cette hausse de la température nous fait comprendre ce lien Universel, cette connexion au TOUT.

Ainsi, tu peux aisément concevoir que tout est lié. Nous sommes tous interconnectés.

Il s'agit d'une merveilleuse nouvelle car cela induit que tout ce que tu conscientiseras, fera évoluer la globalité de l'univers !

Oui ! Ce que tu incarneras au quotidien aura des répercussions sur l'ensemble de l'humanité.

Donc, tu ne dois plus attendre que les autres modifient leur comportement avant d'entamer tes propres changements.

Commence maintenant, même si tu es persuadé d'être le seul.

Le monde, c'est toi.

L'élite au pouvoir veut nous faire croire que nous sommes responsables du dérèglement climatique afin que nous nous sentions coupables et soyons apeurés face aux changements écologiques à venir.

Aussi, le gouvernement se propose de nous « protéger » en échange de toujours plus de lois liberticides, d'un travail éreintant et bientôt, d'une puce pour nous contrôler et nous surveiller…

Cette caste qui envisage l'asservissement de l'humanité pour servir ses propres intérêts, n'est pas là pour réussir à concrétiser son plan. Non.

Dans l'absolu et bien malgré elle, le rôle de cette élite est de nous pousser vers notre transformation d'Homo Deus !

C'est « grâce » à elle si l'on est amené à dépasser le stade d'Homo Sapiens pour donner le jour à notre version divine.

Sans ces complots et l'esclavage organisé des humains, nous serions toujours de braves « moutons » obéissants et inconscients de leur véritable nature.

Alors, remercie sincèrement cette élite providentielle pour la tâche ingrate qu'elle a accepté d'endosser afin de permettre ton évolution…

Rappelle-toi :

Il n'y a ni bourreau, ni victime.

Tout est parfait et nous sommes UN.

Par conséquent, tu es eux. Et ils sont toi.

La vérité est que ton âme a personnellement orchestré leur présence et leurs objectifs despotiques afin de permettre ton ascension vers le stade supérieur.

Pratique quotidiennement la technique de l'Ho'oponopono envers eux :

Chère élite, je m'excuse.

Pardonne-moi.

Merci. Je t'aime.

Dès que tu en as la profonde conviction, réalise les modifications que tu trouves importantes dans ta vie. Améliore tes pensées, paroles, faits et gestes dès que tu le peux.

Ton esprit n'a pas été créé le jour de ta naissance. Ton âme provient du Tout et elle y retournera après ta mort physique. Pour être plus exact, tu n'as jamais quitté ce Tout !

Tu as juste oublié que tu étais lui lors de ton/tes incarnation(s).

Ne crains pas la mort ni l'inconnu qu'elle représente car s'il y a une vie après la mort, alors il y en a aussi une avant la naissance et de toute éternité.

Inconsciemment, tu sais d'où tu viens. Cette connaissance profonde permet à ton esprit d'être toujours en paix.

En revanche, ton ego/ton mental, lui, sait pertinemment qu'il est illusoire, mortel et temporaire.

Il sait qu'il est voué à disparaître ! Cela le rend pressé, stressé, impatient, apeuré. Il est effrayé face à ce néant qu'il sait inévitable.

Ton âme, elle, est perpétuellement baignée dans une quiétude absolue.

Essaie d'apaiser ton mental afin de pouvoir te connecter à ton essence. Ainsi, la grande sagesse de l'Amour Universel te guidera et tu cesseras de suivre aveuglément les conseils angoissés de ton ego ignorant.

Pour assimiler le cap du « Je suis tout », tu vas passer ton temps à t'identifier à ce que tu vois ou entends. Par conséquent, tu vas te désidentifier de l'humain que tu crois être physiquement.

Par exemple :

« Je suis cette chaise. Je suis le soleil. Je suis ce chat. Je suis le voisin. Je suis ma compagne. Je suis mon fils. Je suis ta grand-mère.

Mais aussi, je suis Trump. Je suis Mussolini. Je suis Hitler. Je suis l'abbé Pierre. Je suis Gandhi. Je suis Bouddha... »

Entraîne-toi à te mettre à la place des autres, des animaux, des végétaux et des minéraux.

Par la même occasion, cet exercice t'évitera de perdre ton énergie à ressasser telle pensée, tel souvenir, tel remord, regret ou autres joyeusetés de l'ego et du mental.

> *« Connais-toi toi-même et*
> *tu connaîtras l'univers et les dieux. »*
> Inscription écrite sur le Temple de Delphes.

Ainsi, je suis l'univers et je suis les dieux.
Ainsi l'es-tu aussi.

**Libération de ton habitude à te comparer,
te mesurer par rapport aux autres humains,
aux animaux, aux végétaux et aux minéraux…
Libération de ton besoin d'être supérieur
ou inférieur par rapport à quelqu'un
ou par rapport à quelque chose d'autre.
Libération de ta croyance d'être séparé
du reste du monde.
TU ES TOUT.**

ÉTAPE 39

**Deviens pranique.
Puis tu cesseras toute alimentation
ou boisson car tu es TOUT.
Ni nourriture solide, ni jus épais, ni jus dilué, ni eau.
Et bientôt, ni même prana.**

Tu n'as plus besoin de manger, ni même de boire car tu es Tout.

Tu as totalement intégré et conscientisé que tu n'es pas ce personnage terrestre fait de chair et d'os.

Ce corps physique ne représente que l'un de tes « véhicules de matière », une sorte d'avatar pour vivre ton existence sur cette planète.

Mais tu n'es pas « dans » ce corps. Tu n'es pas uniquement dans ce corps, puisque tu es tout et partout.

Il n'y a que Toi, puisqu'il n'y a qu'une seule chose : la Conscience Absolue, le Grand Tout, la Source Universelle ! Cette Source omniprésente joue le jeu de s'oublier pour pouvoir découvrir et explorer ces innombrables facettes.

L'illusion de ce monde en trois dimensions ne fait plus effet sur toi. Tu te nourris directement de l'Amour que tu es. Car tu es l'Amour, tu es TOUT.

Le fait de devoir s'alimenter est aussi une illusion puisque tu n'es pas ce corps, il n'existe pas réellement.

Avant de cesser définitivement de manger en conscientisant qu'il n'existe que l'Amour, tu peux passer par le stade d'une alimentation pranique.

C'est-à-dire te nourrir de l'énergie qui t'entoure et qui te constitue. Cette énergie est nommée le prana.

Rappel très important, il ne s'agit pas ici de jeûner mais de se nourrir du Tout !

Le corps continue à se « nourrir ».

La différence est qu'au lieu de se remplir d'aliments visibles et denses, ton corps puise sa nourriture dans le prana, le Qi, l'énergie, la vibration la plus haute.

TOUT est vibration.

La matière physique est de l'énergie qui s'est agglutinée, amalgamée, densifiée.

Si tu te poses la question : « Pranique ? Je n'y crois pas car il y a des gens qui meurent de faim… »

Alors, je te répondrai que leur croyance crée leur réalité.

Ainsi, si tu es persuadé que l'on ne peut pas vivre sans manger ni boire, alors tu mourras de faim.

Et si tu es parfaitement conscient que tout est illusion et que ta personne incarnée est pure énergie d'Amour, alors tu vivras en excellente santé sans plus t'alimenter.

Chacun génère sa propre réalité selon ses pensées, ses croyances limitantes, ses paroles et ses actions.

Or toutes ces « réalités » sont des vérités qui coexistent au même moment.

Reste vigilant car cette étape n'est ni anodine ni à prendre à la légère.

Sois à l'écoute de ton corps.

Ne t'impose pas une alimentation pranique si tu ne t'es pas entraîné progressivement à le faire. Tout peut s'apprendre, mais du temps, de la patience et de la persévérance seront nécessaires.

L'allégement de ton alimentation, étape par étape, comme proposé tout au long de ce livre, est idéal pour atteindre cet objectif. Car cela se fait graduellement.

Cesse ce mode d'alimentation si tu maigris trop et si ton poids continue à descendre sans se stabiliser. Dans ce cas, ton corps t'informe que tu n'es pas encore prêt à franchir cette ultime étape de conscience.
Accueille ce qui est, sans attente, sans jugement.
Suis l'appel de ton cœur et respecte les signaux de ton corps.
Ne force rien, sois souple envers toi-même. Aime-toi toujours.
L'alimentation pranique est un changement important et difficile. Renseigne-toi en lisant des ouvrages qui traitent de ce sujet avant de suivre cette route singulière.
Si tu as le moindre doute quant à l'impossibilité de se nourrir exclusivement de manière pranique, alors ne te lance pas encore dans cette voie, tes pensées et tes croyances influençant ta réalité.
Comme le disait Henry Ford :
« Que vous pensiez être capable ou ne pas être capable, dans les deux cas, vous avez raison ».

Maintenant que tu es devenu pranique, tu dors très peu car ton besoin de sommeil est réduit au minimum.
Mais aussi, tu ressens constamment une puissante énergie et une grande vigueur, car tu n'es plus parasité par le travail organique d'une digestion ni d'une faim qui te tenaille l'estomac.
Tu rayonnes de l'intérieur et cette « lumière » se propage autour de toi. Chaque être que tu croises, chaque personne

avec qui tu parles ou chaque endroit où tu passes, bénéficie désormais de tes hautes vibrations de joie et d'Amour.
Tu diffuses ce que tu es.

Progressivement et en écoutant ton corps et ton intuition, tu te libères du besoin de t'alimenter par des aliments physiques.
Tu prends conscience quand tu manges, que c'est l'énergie des plantes qui te nourrit et non la plante elle-même. Ainsi, tu conçois être le Tout et le Tout étant de l'énergie, tu es nourri en permanence et de façon idéale, avec ou sans prana.
A priori, à ce stade, tu es déjà liquidien, donc, le fait de manger ne te concerne presque plus. Tu es déjà quasiment libéré de cette fonction et de cette contrainte.
Suis naturellement tes idées. Centre-toi dès que tu le peux, pour être à l'écoute des besoins de ton corps physique.
Afin de vérifier si ton corps est passé sans encombre dans ce nouveau mode alimentaire, voici trois critères : d'abord, tu es en grande forme, plein d'énergie et de vitalité. Ensuite, tu ne dors presque plus (environ vingt heures **par semaine**) et dernièrement, le poids de ton corps a cessé de baisser, il s'est stabilisé.

Si tu ressens l'appel de passer en mode pranique mais que tu aimerais te faire accompagner lors de cette transition, il existe de nombreux stages animés par des personnes praniques en France et ailleurs.
Ces stages sont parfaits pour réaliser une transition sereine, guidée et pour rencontrer d'autres participants sur le même chemin d'évolution que toi.

Quand tu seras devenu pranique, tu pourras passer à l'ultime étape : la libération totale de tout besoin, en conscientisant que tu n'as aucun manque à combler car tout est déjà là, tout est déjà accompli.

Un jour viendra le temps où tu n'auras plus besoin de respirer, ni même de mourir.

À ce moment-là, tu auras complètement révélé ta nature véritable au-delà du filtre illusoire de ton corps charnel.

Tu seras devenu un Homo Deus, l'étape suivante de l'humanité.

Voici les noms de plusieurs personnes devenues praniques :

Prahlad Jani a passé plus de soixante-dix ans sans eau ni nourriture.

Ray Maor, Isabelle Hercelin, Dominique Verga, Elitom El-amin, Lara Luce, Adrienn Light, Dainius Mykolaitis Choranti, Pascal Martelli et Gabriel Lesquoy (avec qui j'ai personnellement fait un stage de prana durant deux semaines).

Ram Bahadur Bomjon surnommé « Bouddha Boy » est resté, jours et nuits, assis en médiation sous un arbre durant six ans, sans manger ni boire…

Angela Bittl a eu sa première expérience pranique à quinze ans.

Alyna Rouelle, âgée de dix-huit ans, a passé un mois sans manger ni boire, dans un état de grâce absolu. Elle a ensuite approfondi son expérience de nourriture pranique durant plusieurs années.

Edgardo Bonazzi, pranique depuis 2017. Kay Hougaard, depuis 2012. Cristiana Eltrayan, pranique depuis 2010.

Darrell Brann pratique le Sun Gazing (se nourrir exclusivement de lumière du soleil). En outre, il a vécu six mois dans le désert, en pratiquant le Sun Gazing, du lever au coucher du soleil.

Dmitry Lapshinov (Dima) se nourrit de prana depuis 2011.

Domenico Provenzano est pranique depuis 2010. Erika Witthuhn depuis 2001.

Fabrice De Graef a été crudivore pendant vingt ans puis est passé naturellement à la nourriture pranique lors d'un séjour en Inde.

Galina El-Sharas vit en se nourrissant de prana depuis 2009.

Mira Omerzel (Mirit) vit de prana depuis 2000.

Monika Kunovska, depuis 2015, Nicolas Pilartz depuis 2012, Rishi Royal depuis 2002, Robert Ganski depuis 2015, Veni Loveandlight depuis 2004, Victor Truviano depuis 2010.

Nassim Haramein, un scientifique physicien suisse, a commencé à expérimenter la nourriture pranique. Il fait partie des conférenciers du « Pranic World Festival ».

Tu pourrais visionner le documentaire « *Lumière* », de Peter-Arthur Straubinger.

Ou aussi le film « *Comment devenir une déesse. Vivre d'amour et d'eau fraîche* » sur Dominique Verga.

Elle explique que depuis qu'elle est devenue pranique, manger un fruit est semblable à manger un objet comme du papier ou du carton.

Elle quitte enfin ce monde de la survie où, si elle ne mangeait pas ni ne buvait, elle risquait de mourir, pour entrer de plain-pied dans le monde de la VIE. Où rien ne peut lui arriver car elle n'a plus aucun besoin. Un monde de VIE où elle est en permanence dans un état de grâce.

Libération de ton besoin de te nourrir
d'aliments concrets, solides ou liquides,
car tu as conscience que tout n'est que vibration.
Tu décides de te nourrir de l'énergie elle-même,
sans passer par une plante ou un liquide qui l'aurait
emmagasinée et assimilée au préalable.
Libération de ton besoin de sommeil
devenu presque inexistant.
TU ES TOUT.

ÉTAPE 40

Tout est parfait.
Lâche prise.

Maintenant, te voici devenu la version divine de ton incarnation présente.

Accueille cet état.

Vis-le en pleine conscience, à chaque instant de cette existence.

En revanche, **si tu n'y es pas encore parvenu, abandonne momentanément ce désir-là. Rappelle-toi qu'il ne faut alimenter aucune lutte intérieure.**

Lâche prise concernant tes attentes, tes objectifs, tes exigences et tes espoirs.

Cesse toute lutte.

Accueille ce qui est, sans jugement, sans culpabilité.

Accepte-toi tel que tu es.

Aime-toi. Car t'aimer, c'est être dans l'Amour Inconditionnel à ton égard.

Es-tu ce que tu souhaites être ? Peu importe.

As-tu réussi ce que tu avais projeté de faire ? Peu importe.

Sois juste qui tu es, comme tu es, quand tu l'es.

Car tout est parfait et tu es TOUT.

Garde en mémoire ces quarante étapes. Relis-les régulièrement pour les engrammer encore et encore dans ta chair, dans tes corps subtils et dans ton esprit.

Tu n'es ni un « Je » ni une personnalité distincte du reste de l'Univers. Tu es UN.

Tu n'as pas besoin de prénom, de nom, de conjoint, d'enfant, d'ami, de famille, de collègue, de concitoyen, d'animaux de compagnie…

Tu n'as pas besoin de manger, de boire, pas besoin de dormir.

Un jour viendra où même la mort sera tel un mirage dans ce monde en trois dimensions.

Oui, l'immortalité physique est l'étape finale de l'Homo Deus que nous sommes tous appelés à incarner. Tu ne deviendras pas « immortel », tu auras juste complètement intégré le fait que cette existence est un leurre. Tu es hors du temps. Tu n'es donc ni né ni mort. Juste, tu es.

Ce dernier voile de l'illusion tombera lorsque tu ancreras au quotidien ta version unifiée du Tout.

La Loi de l'Attraction attire une réalité qui correspond à tes croyances. Car la conscience est à l'origine de la matière. Ainsi, elle crée l'univers, ton univers.

Tu n'as plus aucun besoin. Tu n'as plus de peur.

La peur et les besoins s'effacent dès l'instant où tu te rappelles que tu es Amour Inconditionnel et que tu expérimentes une pièce de théâtre où les acteurs sont issus d'une source unique, d'une seule matière première : cette vibration d'Amour.

Il n'existe rien d'autre que ce souffle omniprésent d'Amour. Il a tout engendré et il crée continuellement tout. Pour autant, il n'a jamais changé d'un iota…

Tous les paradoxes sont possibles dans ce monde d'illusions.

TU ES.

TU ES UN.

Si tu n'as pas encore réussi à imprégner cette vérité dans chacune de tes cellules physiques, c'est parfait aussi. Car le temps est un mirage et, malgré les apparences, tout est déjà accompli.

Même si tu ne le vois pas encore car le voile des habitudes est encore présent en toi.

Alors, poursuis ta route vers ce soleil lumineux que tu es. Continue ce chemin magnifique !

Tu as déjà réussi. Car tout est expérience. L'échec n'existe pas puisqu'il y aura toujours un apprentissage, une évolution de conscience grâce à nos actions, qu'elles soient « réussies » ou « ratées ».

Tout est enseignement.

Le chemin emprunté est aussi éblouissant que l'endroit où tu es censé arriver.

Relis et intègre chacune des quarante étapes qui te mèneront vers l'Homo Deus.

Aime-toi, aime les autres, aime tes ennemis, aime ce qui te fait peur, aime ce qui t'entoure. AIME.

Traite tout et tout le monde avec Amour, respect et bienveillance. Toi y compris.

Tu as intégré que les plantes, c'est toi. Les animaux, c'est toi aussi…

Traite tous tes « Toi » avec un Amour Inconditionnel.

Chéris tout. Préserve tout.

Car tout est Amour. Car tu es Amour.

Afin de rester constamment imprégné par ton aspiration à muer vers l'Homo Deus, je t'invite à te renseigner sur la « Souveraineté personnelle » autrement dit sur : Personocratia.

L'auteure Ghis a écrit de nombreux livres afin d'incarner cet état dans tous les domaines du quotidien.
Puisque nous vivons dans une dictature déguisée en démocratie, la Personocratie est l'unique moyen de vivre dans cette collectivité, en étant aligné avec notre conscience individuelle.
Ses livrets dénoncent et démontrent, entre autres, la fausse démocratie dans laquelle le monde actuel survit.
Ils sont un précieux outil pour voir au-delà de cet endoctrinement de la masse populaire.

L'univers entier est une vibration.
Nikola Tesla est un inventeur et ingénieur considéré comme l'un des plus grands scientifiques dans l'histoire de la technologie.
Il a notamment travaillé en étroite collaboration avec Thomas Edison (l'inventeur de l'électricité).
Voici ce qu'il a dit :
« Si vous voulez trouver les secrets de l'univers,
pensez en terme d'énergie, de fréquence et de vibration. »

Libération de ton dernier besoin
qui est celui d'atteindre l'état d'Homo Deus et
d'évoluer vers l'être idéal que tu souhaites être.
Libération de tes dernières attentes sur toi-même,
sur ta capacité à incarner la personne grandiose
que tu es déjà. Tout est déjà accompli.
TU ES TOUT.

"D'Homo Sapiens à Homo Deus"
reprend les enseignements du livre
"Comment devenir un Christ : Méthode en 40 jours".

SOMMAIRE :

Étape 1 - L'existence de notre conscience est l'UNIQUE certitude inébranlable.

Étape 2 - Regarde-toi avec amour. Aime-toi.

Étape 3 - Deviens végétarien.

Étape 4 - Marche et, surtout, marche dans la nature !

Étape 5 - Tu ris, tu es dans la joie.

Étape 6 - Distance-toi de tes rôles, de tes appartenances.

Étape 7 - Ce qui te fais souffrir à l'extérieur provient d'une souffrance à l'intérieur de toi.

Étape 8 - Je ne m'identifie plus au émotions qui me traverse.

Étape 9 - Tu n'as plus à penser au passé.

Étape 10 - Tu n'as plus à t'inquiéter du futur.

Étape 11 - Deviens végétalien.

Étape 12 - Tu bois de l'eau, de l'eau et encore de l'eau.

Étape 13 - Vis et agis dans le PRÉSENT !

Étape 14 - Le libre-arbitre est une illusion.

Étape 15 - La différence entre « Unité » et « Dualité ».

Étape 16 - Tu laisses aller tes attentes, tes désirs, tes espoirs.

Étape 17 - Tu lâches toutes tes peurs.

Étape 18 - Deviens crudivore.

Étape 19 - Tu es complet.

Étape 20 - Deviens liquidien.

Étape 21 - Tu es sur terre pour évoluer intérieurement.

Étape 22 - Tu es immortel.

Étape 23 - Tu te guéris toi-même.

Étape 24 - Crée un monde de vérité.

Étape 25 - Tu es sans âge.

Étape 26 - L'illusion du couple.

Étape 27 - Tu n'as plus « besoin » de rien pour être heureux et dans la joie.

Étape 28 - Cesse toutes les luttes qui vivent en toi.

Étape 29 - Cesse tous jugements.

Étape 30 - Deviens inédien.

Étape 31 - Tu n'es plus triste pour les personnes que tu as perdues, qui sont ou vont mourir.

Étape 32 - Dans ce monde d'illusion, tout est toujours en mouvement.
Dans la réalité, rien ne change.

Étape 33 - Seul existe l'Amour.

Étape 34 - Le pardon.

Étape 35 - Transcende ton ego.

Étape 36 - Le silence et toutes les réponses qu'il contient.

Étape 37 - La solitude ! 40 jours dans le désert, seul, face à soi-même.

Étape 38 - Je suis tout.

Étape 39 - Deviens pranique.

Étape 40 - Tout est parfait. Lâche-prise.

BIBLIOGRAPHIE, SITES ET FILMS :

– « *Les messages cachés de l'eau* », Maseru Emoto.
– « *Vivre de lumière* », Jasmuheen.
– « *La nutri-émotion* », Nassrine Reza.
– « *Le pouvoir de l'accueil.* », Nassrine Reza.
– « *Vous êtes votre propre guide* », Nassrine Reza.
– « *La nutrition de la liberté* », Alyna Rouelle.
– « *Urinothérapie* », Tal Schaller et Johanne Razanamahay.
– « *Que diable suis-je venue faire sur cette terre ? M'accomplir !* » Ghislaine Saint-Pierre Lanctôt.
– Les 10 « *Livrets de Personocratia* », Ghis recueillis et Mado.
– « *Et si on s'arrêtait un peu de manger... de temps en temps* », Bernard Clavière.
– « *L'éveil de la rose* », Pascale Leconte.
– « *La petite voix. Méditations quotidiennes* », Eileen Caddy.
– « *Les pervers narcissiques* », Jean-Charles Bouchoux.
– « *Les mots sont des fenêtres (ou bien ce sont des murs)* », Marshall B. Rosenberg.
– « *Les modes d'emploi de Lulumineuse* », Lulumineuse.
– « *Allô moi m'aime ? Un mode d'emploi de l'humain* », Lulumineuse et Art-Mella.
– « *De la Nourriture Prânique à la Plénitude du Vide.* », Gabriel Lesquoy.
– « *Comment devenir un Christ : Méthode en 40 jours* », Toi Tout.
– « *Cessez d'être gentil, soyez vrai !* », Thomas d'Ansembourg.
– « *Qui es-tu ?* », Lise Bourbeau.
– « *Le secret* », Rhonda Byrne.